解密

DECODE

数字经济和互联网经济新赛道

METAVERSE

罗 军◎著

元宇宙

電子工業出版社
Publishing House of Electronics Industry
北京 · BEIJING

内 容 简 介

本书从多个维度分析和探讨元宇宙究竟是什么，有哪些特点？元宇宙与数字经济、互联网经济是什么关系，将如何重塑我们的社交关系？在势不可挡的元宇宙世界里，我们如何抢抓机遇，如何主动融入元宇宙世界？区块链、人工智能、人机交互、算法、算力是构成元宇宙的核心要素，我们有哪些优势，又面临哪些劣势？近10年，全球先后经历了3D打印、机器人、人工智能、元宇宙等新科技浪潮，基本上每两三年我们就会迎来新一轮科技浪潮，为什么我们都只能跟随？为什么我们没有哪一个城市形成了强大的新兴产业集群？《上海市培育“元宇宙”新赛道行动方案（2022—2025年）》发布以后，为其他城市带来哪些启发？为什么还有很多经济发达城市迟迟没有行动？作者在这些方面进行了很多深入思考和独家解读，并与读者一一分享。

本书适合各级经济主管部门、产业部门、产业园区、投融资机构和关注元宇宙发展的社会各界人士阅读。

图书在版编目（CIP）数据

解密元宇宙/罗军著. —北京：电子工业出版社，2022.10
ISBN 978-7-121-44338-1

Ⅰ. ①解…　Ⅱ. ①罗…　Ⅲ. ①信息经济　Ⅳ. ①F49

中国版本图书馆CIP数据核字（2022）第188777号

责任编辑：徐蕾薇
印　　刷：天津千鹤文化传播有限公司
装　　订：天津千鹤文化传播有限公司
出版发行：电子工业出版社
　　　　　北京市海淀区万寿路173信箱　　邮编 100036
开　　本：720×1 000　1/16　印张：11.5　字数：203千字
版　　次：2022年10月第1版
印　　次：2024年6月第3次印刷
定　　价：88.00元

凡所购买电子工业出版社图书有缺损问题，请向购买书店调换。若书店售缺，请与本社发行部联系，联系及邮购电话：（010）88254888，88258888。

质量投诉请发邮件至 zlts@phei.com.cn，盗版侵权举报请发邮件至 dbqq@phei.com.cn。

本书咨询联系方式：xuqw@phei.com.cn。

现有的互联网呈现的是二维空间和平面的网络结构，而现实世界是立体的和多维结构的。

Presently, the internet is shown to be a two-dimensional website structure while the real world is three-dimensional and multi-dimensional.

互联网作为一个大通道、大平台，是不断演化和变革的中坚力量，而元宇宙是互联网转型升级的产物，具备了互联网所有的特征和功能。

As a major conduit and platform, the internet is an intermediary force that keeps evolving and renovating, whereas the metaverse, an outcome of the internet's transition and upgrading, encapsulates the internet's all features and functionalities.

为了适应信息技术的发展，在元宇宙时代，互联网功能将更加多样化，在人工智能、人机交互、区块链等新技术的驱使下，互联网将变得更加贴心，更加“随心所欲”。

In a bid to align with the development of information technology, the internet's functionalities will become more diversified in the metaverse era. Driven by new technologies such as artificial intelligence, human-computer interaction and blockchain, the internet is on track to become more considerate and follow its bent.

元宇宙时代，最先改造的将是互联网空间、内容、组织结构，呈现给我们的是三维、四维，甚至多维空间。

公众通过 VR/AR（虚拟现实/增强现实）就能轻松进入元宇宙世界，开展工作和社区生活。

In the metaverse era, the cyberspace, content and organizational structure will be among the first to be remade, thereby presenting us a three-, four-and even multi-dimensional space.

The public would then tap VR and AR to readily access the metaverse world where they'll start out on work and community life.

外星人是不是一直生活在元宇宙？元宇宙世界就是他们的世界？他们来去自由，拥有超自然的力量。

Have aliens always been living in the metaverse? Is the metaverse their world? They come and go freely and have supernatural power.

元宇宙，有利于我们更好地研究外星人。我们通过模拟 UFO（不明飞行物）的飞行轨迹、外观形状，进一步分析 UFO 的运行原理、UFO 的结构构成，掌握其运行规律。

The metaverse helps us better research aliens. Through simulating the flight paths and exterior shapes of UFOs, we would further analyze how UFOs work, anatomize the structure and composition of UFOs, and get a grasp on their working principles.

当然，UFO 毕竟是神一般的存在。就好比我们很多人都相信神灵的存在，却从来没有办法来验证。我们要把神灵这些超自然、超现实的现象研究透，其难度是可想而知的。

不过，元宇宙给了我们力量和手段，使我们有机会去探索和发掘。因为，我们在元宇宙的世界里可以自由发挥。

Certainly, UFOs, after all, are godlike existence. While may of us believe in the existence of deities, no one can verify it. It could be imagined how difficult it would be to thoroughly research the deities, among other supernatural and surreal phenomena.

Nonetheless, the metaverse offers us a chance to explore and discover, as we would be able to fulfill our vision freely in the metaverse.

我们白天工作，晚上休息。

其实，我们晚上并没有休息，我们的神经系统、生物系统还在继续工作，只是换了一个频道。

晚上带我们进入元宇宙频道，到元宇宙的世界里。

我们看起来是在工作，其实也是在放松。

We work in the daytime and rest at night.

In fact, we don’t sink into sleep at night. Our nervous system and biological system remain in work mode, albeit shifting to another channel.

They bring us to the metaverse channel in the evening.

Similarly, while we appear to be working, we are actually relaxing.

关于梦境-元宇宙这个话题，今天提出来，希望有更多的朋友去探索和分析，作为一项认知科学、脑科学去研究，也许会有更多意想不到的研究成果被挖掘出来。

写到这里，我突然想起了 1996 年，著名科学家钱学森先生在阅读文献时注意到了“Virtual Reality”（VR），将之命名为“灵境”。“灵境”是否就是我们今天所说的梦境——元宇宙?

I bring up the dreamland-metaverse topic today in hopes that more friends will join the quest to research the duo as a subject of cognitive science and brain science. Perhaps more unexpected research findings will be uncovered.

What pops into my mind now is that Qian Xuesen, the famed scientist, took notice of “Virtual Reality” (VR) while reading research papers in 1996. He named VR as “lingjing” literally spiritual land. Does that refer to the dreamland-metaverse duo we are talking about today?

元宇宙的世界值得我们深入探索和研究。

彭博研究预测，元宇宙市场将在 2024 年达到 8000 亿美元。

普华永道预测，元宇宙市场将在 2030 年达到 1.5 万亿美元。

摩根士丹利预测，未来中国元宇宙市场将达到 8 万亿美元。

花旗银行预测，2030 年元宇宙总市场将增长到 8 万亿至 13 万亿美元，并预计元宇宙用户数量可能多达 50 亿户。

The metaverse world merits deep exploration and research.

Bloomberg research forecast that the metaverse will be an $800 billion market by 2024.

PwC estimates put the metaverse market at $1.5 trillion by 2030.

Morgan Stanley predicts that China's metaverse market will amount to $8 trillion in the future.

Citi projects that the metaverse market will rise to a range of $8 trillion and $13 trillion by 2030 and metaverse users could be as many as 5 billion.

对于元宇宙这样的新事物，

我们最好的办法就是主动拥抱。

In regards new phenomena such as the metaverse,

the best we could do is to take the initiative to embrace it.

我们将推进《元宇宙 2030 行动愿景》

到 2030 年：

引进和培育 2000 家元宇宙企业

产值突破 2000 亿元

上市公司 30 家以上

高新技术企业 200 家以上

专优特新企业 200 家以上

We will push for the *Metaverse Industry 2030 Action Vision*

By 2030:

Introduce and incubate 2,000 metaverse firms

Whose combined output tops 200 billion yuan

30+ listed firms

200+ high-tech firms

200+ firms specializing in niche sectors

前言

PREFACE

这个时代变化太快，新科技、新工艺、新模式不断涌现。

稍不留神，可能就与这个时代脱节。

世界在变化，而我们的思维有可能还停留在20世纪。

很庆幸，终于赶上了这趟极速奔驰的高速列车。

仅仅这十年，很荣幸亲历了3D打印、机器人、人工智能、物联网、区块链、元宇宙这些新兴产业的发展。几乎每隔两年就有一项新科技在全球爆发。

每一次新科技的产生都不是孤立的，也不是偶然的，往往经历了数十年的沉淀。

3D打印，看起来是从2012年才开始爆发的。其实，这个技术早在20世纪90年代初期，甚至20世纪80年代就在美国诞生了。只是，当时还一直处于实验室阶段，并没有形成生产力。当材料、工艺取得突破以后，这一技术就快速走红，并在航空航天、军工等领域"得心应手"，解决了传统技术望而却步的诸多难题，在加工生产和研发领域得到快速普及。

机器人也是这样。

早在20世纪60年代，美国就发明了"机器人"。这么多年，"机器人"并没取得重大技术突破，只是自动化的机器，发挥的作用并没有我们想象中那么厉害。机器人什么时候才真正得到普及呢？还是最近几年。当自动化的机器与人工智能结合的时候，就产生了真正的"机器人"，也被称为"机器人2.0

时代”。

我的第三本专著《机器人 2.0 时代》（人民东方出版社出版）就专门谈到了这个问题，机器人=机器+人。

“机器”是指自动化的机器，而“人”是指人工智能（AI）。

显然，人工智能技术的成熟和完善，带动了机器人产业新一轮的发展。谷歌在推动人工智能方面功不可没，波士顿动力开发的一系列机器人颠覆了人们的认知，被誉为“智能机器人的鼻祖”。这些机器人能够在凹凸不平的地面上跑步、自己找到平衡状态，能够爬楼梯、能够自己开门丢垃圾。

能够托运行李的“大狗”，代表了当今机器人的最高水平，其能够与人互动交流，实现人机一体。今天，我们能够看到很多服务机器人、特种机器人、工业机器人、医疗机器人的感知和认知能力都已经由此有了巨大的提升。

人工智能，也不是今天才出现的。

早在 1956 年，科学家就提出了“人工智能”这个概念。而人工智能的本质是让机器像人一样会思考问题，并进行工作，最终实现人机互动、人机一体，使机器能够代替人从事更多体力劳动和脑力劳动。

但是，人工智能的发展也是经历了漫长的演进过程。人工智能的核心是计算机科学，是通过编程、超速计算，把人类的生活规律和生产规律提炼出来，整理归类，赋予机器去实现。从中我们可以看出，人工智能的技术突破，离不开计算机技术的突破。

计算机是人工智能的大脑和心脏。

没有计算机，人工智能就什么都不是。

1946 年，人类诞生了第一台电子计算机，是由宾夕法尼亚大学研制的，占地 170 平方米，耗电 150 千瓦时。

1950 年，人类诞生了第一台并行计算机，是科学家冯·诺伊曼教授采用二进制和存储程序设计的。

1954 年，IBM 制造的第一台使用晶体管的计算机，增加了浮点运算，使计算能力有了很大提高。可以说，在计算机的成长历程中，IBM 做出了巨大的贡献。

今天，随着超高清显示技术、芯片储存技术、超算技术的突破，计算机变得更小、更轻、运算能力更强，应用到我们生活生产的方方面面，使智能生活无处不在。

我们回头来看，任何新技术、新模式的出现，都是长期的积累和某个核心技术的重大突破，而绝对不是无缘无故产生的。就好比某个人的成功，都是比我们付出更多的努力，而不是简简单单靠运气就可以实现的。很多时候，别人的努力，我们是看不见的。

元宇宙已来。

几乎所有的互联网龙头企业都占据了两个重要通道，一是游戏娱乐、社交，二是数字藏品、NFT（非同质化代币）。大家都觉得所有的元宇宙企业都是在烧钱，可能未来十年都是继续在烧钱、在融资。常规来看，这个判断非常正确。

大多数互联网龙头企业为什么都抢先布局游戏、娱乐和社交通道？因为，游戏娱乐拥有庞大的、成熟的消费群体。

有人说，在互联网的世界里，内容为王，平台为先。如今的游戏娱乐、社交、数字藏品、NFT，既是内容，又是平台。

同时，由于游戏娱乐的特殊性，其被认为与元宇宙结合更为容易。有人说，互联网时代，得内容者得天下。

游戏娱乐和社交领域的用户群体是一个非常庞大的群体，该群体不仅有消费能力，而且有忠诚度。

元宇宙将重塑人们的社交关系。

对于这些互联网龙头企业，不在乎元宇宙是否成熟，只要有了更好的沉浸感，就可以让这些忠诚的游戏玩家们乐在其中，而且乐此不疲。现在，这些互联网龙头企业不仅如此，还利用元宇宙开发更多场景、更多配件装备、更多消费品，“掏空”玩家们的钱包。

显然，元宇宙已成为这些互联网龙头企业“收割韭菜”最好的工具，这也是一些人对元宇宙的质疑之所在。

数字藏品这个通道，高峰时候有两千多个平台，大多数平台并没有什么交易。但有些名气大的平台每天交易几千万元，要想发布新品需要排队半年以上。

元宇宙让一部分企业率先抢占了先机。

元宇宙作为一项全新的互联网生态和商业模式，正在势不可挡地朝我们走来。

我们今天对元宇宙的认知还只是冰山一角，好比20世纪90年代初期的互联网刚来到中国的时候，我们都曾经怀疑过、抵制过、犹豫过。

今天，我们都选择了与互联网形影不离。

面对元宇宙，我们别无选择，只有主动拥抱！

作者

2022年8月

目录

CONTENTS

第一章

元宇宙已来

元宇宙结合了5G通信、互联网、区块链、人工智能、人机交互、虚拟技术等众多高科技，为人类进行数字化创造奠定了坚实基础。而当这些技术融合在一起时，又衍生出一种全新的、身临其境的、虚拟的、与现实世界保持及时链接的数字生活。

任何新技术、新工艺、新模式在起步初期，都不开“科学普及、示范推广”。

元宇宙是我们改变认知和学习、工作的工具。尤其是在我们面对抽象事物的认知方面，所有的困惑将变得迎刃而解。

2021 年被称为“元宇宙年”，是因为微软、谷歌、苹果、IBM、Facebook、高通、亚马逊、英伟达、三星、诺基亚、摩托罗拉、台积电、阿里巴巴、腾讯、华为、中兴通讯、联想、百度、网易等，凡是能够叫得出名字的龙头企业，都不约而同地开始布局元宇宙赛道。而美国、日本、韩国的元宇宙更是如火如荼地发展。

在 Connect 2021 线上大会上，扎克伯格在直播中向观众展示了公司对元宇宙的定义及公司发展蓝图。他认为：元宇宙是下一个科技前沿领域，就像当初我们搭建社交网络一样，是移动互联网的升级版，是融合虚拟现实技术，用专属的硬件设备打造一个具有超强沉浸感的社交平台。

《华尔街日报》发布了一个对“元宇宙”的概念科普，上了推特的热搜。在这个互动科普页面中提道：元宇宙被松散地定义为一个广泛存在的线上世界，人们通过数字替身进行交互。当然，现在来看，这个说法还比较局限，思维没有完全打开。

从概念上讲，元宇宙结合了互联网、区块链、人工智能、人机交互、游戏娱乐、社交网络和虚拟技术，为人类进行数字化创造奠定了基础。而当这些技术融合在一起时，又衍生出一种全新的、身临其境的数字生活。这种数字生活，不仅在视觉上，更让我们在听觉甚至触觉上都有深刻的感受。

微软 CEO 萨蒂亚・纳德拉表示，公司正在努力打造工业元宇宙。

英伟达宣布推出全球首个为元宇宙建立提供基础的模拟和协作平台。

海尔率先发布的制造行业的首个智造元宇宙平台，涵盖工业互联网、人工智能、增强现实、虚拟现实及区块链技术，实现智能制造物理和虚拟融合，结合“厂、店、家”跨场景的体验，实现消费者体验提升。

字节跳动斥巨资收购 VR 创业公司 Pico。

Decentraland 公司发布消息，巴巴多斯将在元宇宙设立全球首个大使馆……

类似的消息不断印证着各路英雄豪杰不仅开辟了元宇宙新赛道，而且还正在悄然推动互联网的一场深刻变革。

元宇宙真正火起来，并成为引爆全球的导火索，成为全球科技界关注的焦点，与 Facebook 将公司名称变更为“元宇宙公司”（Meta）多少有些关联，但不是全部，绝不是因为它的更名带动了元宇宙的崛起。我们不必过度解读这个事情，或许恰巧 Facebook 抓住了这个机会。这家公司过去几年用户信息泄露、大量负面新闻缠身，需要一个故事翻开这一页，可能仅仅只是巧合。

纵观国内外科技企业，它们涉足的元宇宙项目主要包括三个方面：一是搭建基础数据平台，以及元宇宙空间、储存芯片、VR 头戴式显示设备（以下简称 VR 头显）、AR 眼镜等核心技术和硬件、软件开发；二是赋能传统游戏娱乐、社区，开辟新的人际关系；三是布局 NFT、数字藏品等文创平台。

元宇宙在我国真正起步，要从 2023 年开始。

2022 年，还是预热阶段，国家层面还没有提及“元宇宙”，很多政策信息里面只能看到“虚拟现实”“3D 渲染”“数字孪生”“数字人”“下一代互联网”等字样。

2022 年年初，广州、杭州等城市下属辖区陆续出台了有关区级元宇宙产业发展的政策，也首次从政府层面正式提出“元宇宙”概念。而上海市政府发布的元宇宙行动方案，可以说是拉动国内元宇宙产业真正起步的“引擎”。在国家层面还没有正式提出“元宇宙”概念的情况下，上海市是国内首个省（市）级政府层面公开、正式认定“元宇宙”概念和产业发展思路的地方政府，对其他政府具有很好的示范带动作用。

在《上海市培育“元宇宙”新赛道行动方案（2022—2025 年）》发布以后，很多地方政府开始主动接触和了解元宇宙。

对于这件事情的感受，和我 2013 年推动 3D 打印的时候相同。

任何新技术、新工艺、新模式在起步初期，科学普及、示范推广的作用至关重要。

2022 年年初，我给很多地方领导都推荐过元宇宙，也给他们多次提示“要重视元宇宙、关注元宇宙”，结果大多数人都不屑一顾。

机会总是留给有准备的人，如果我们不愿意主动拥抱新技术、新模式，可能我们就会失去一次又一次的机会。

上海为什么反应这么快？行动这么及时？而其他地方为什么还在犹豫？

……

2022 年 7 月 8 日，上海市政府举行新闻发布会，正式发布《上海市培育“元宇宙”新赛道行动方案（2022—2025 年）》。其中指出：产业综合优势显著增强。到 2025 年，“元宇宙”相关产业规模达到 3500 亿元，带动全市软件和信息服务业规模超过 15000 亿元、电子信息制造业规模突破 5500 亿元。创新主体活力竞相迸发。培育 10 家以上具有国际竞争力的创新型头部企业和“链主企业”，打造 100 家以上掌握核心技术、高能级高成长的“专精特新”企业。范赋能效应充分显现。围绕城市数字化转型，打造 50 个以上垂直场景融合赋能的创新示范应用，推出 100 个以上引领行业前沿的标杆性产品和服务。产业发展生态持续完善。推动建设各具特色的“元宇宙”产业园区，打造一批创新服务平台，加快“元宇宙”产业人才育引，优化生态环境（详见附录 A）。

2022 年注定是不平凡的一年，也必将是我国元宇宙历史上具有重要意义的一年。

由地方政府积极推动元宇宙的热潮正在国内悄然兴起，国家层面的元宇宙政策相信也将指日可待。

我关注元宇宙也是 2021 年年初的事情。看了很多资料和视频，各种解说五花八门，我曾经很久都没有看懂元宇宙究竟是什么。有一段时间，我还抵触元宇宙，甚至认为元宇宙就是资本家“收割韭菜”的工具。我还曾认为：虚拟世界毕竟是虚拟世界，虚拟世界并不能代表现实世界。即使你在元宇宙里面是一个备受瞩目的国王，你可以拥有军队、拥有先进的武器、拥有若干飞机大炮、拥有大批跟随者，可是当你取下 VR 头显（AR 眼镜），当你回到现实世界的时候，你发现生活还是现实的，你还是你自己。其实自己什么都不是，你必须老老实实面对现实，该加班的时候加班，该跑快一点的时候还要跑快点，该吃饭的时候要吃饭，一切从头开始，一切都只是一场游戏……

这些认识有什么错吗？没错，很清醒。但是，这样的思维模式其实不能完全适应新事物的挑战。

有一次和新华社、中央电视台的朋友一起交流，大家不约而同地感慨，自媒体太强大了，传统媒体都在节节败退。当电视台的节目播放以后，点击率可能还没有 1 万人次，而抖音上面的同类视频点击率可能就突破百万人次了。在中央电视台做个小广告，可能几十万元还拿不出手，而几十元在抖音上面就可以推送出几百个点赞。新华社的记者网络遍布全球，当新闻稿还在送审阶段的时候，自媒体早就发出来了。我们挖空心思抓创收，但好几家媒体一年的产值加起来不足百亿元，还赶不上自媒体的零头！

我们的偏见和固执影响了我们对元宇宙的态度，认为元宇宙就是娱乐游戏、社交，就是互联网等企业在疯狂布局，就是在“忽悠”。而很多关于元宇宙的故事，总是包装得过于神秘。

有一次，几个朋友聊起元宇宙、区块链的时候，我再次表达不屑。一位朋友听了我对元宇宙的看法以后，对我说：“你一直致力于推动国际科技创新，你需要主动拥抱新科技，而不是排斥，既然全世界都在推动元宇宙和区块链，那么一定是有原因的。”

这句话给了我很多启示和新的动力。我决定冷静下来好好研究元宇宙。不得不承认，比我聪明的人多得是，为什么他们没有发现元宇宙是骗局？直到有一天，我发现元宇宙对教育的影响，让我茅塞顿开。元宇宙是什么？是一个全新的认知工具。我们传统的教学模式，都是老师把知识整理出来并灌输给我们，我们要按照老师的思路去理解、去思考、去背诵。这样的教育方式被认为是教条的、古板的。但是，如果不用这样的方式教学，我们还有什么更好的方式呢？

很多知识，特别是物理、化学、历史、地理、数学方面的知识都是抽象的，没有机会让我们去感受、去参与、去领悟、去发现、去挖掘。例如，外太空是什么样子，宇宙是什么样子，深海是什么样子？我们只能想象，不可能身临其境地去感悟、去发现、去探索。而教育元宇宙则可以将我们带入外太空虚拟环境中，通过开发的仿真应用软件、可视化技术和虚拟现实、增强现实等技术的结合，能够穿越和再现外太空的实际场景。

我们戴上 VR 头显，就可以轻松“进入”外太空，不仅可以看到外太空虚拟的实景，还可以实现交互的功能，我们可以在外太空建造一栋房子、建设一座工厂或一个社区。元宇宙改变了我们对外太空的认知。

还有不少科研项目，通过仿真软件的使用，轻松实现产品验证。现在有了元宇宙，我们可以直接在元宇宙中模拟建立数字化车间、数字化工厂，并在元宇宙中利用可视化技术，实现生产现场管理和生产调度、技术研发。

元宇宙是我们改变认知和学习、工作的工具。尤其是在我们面对抽象事物的认知方面，所有的困惑将变得迎刃而解。

在此基础上，我们发现元宇宙不仅是一个虚拟空间，还是互联网转型升级的发展方向和必然趋势，是数字经济新的赛道。我们不能仅仅就元宇宙谈元宇宙，要把元宇宙与互联网结合起来思考，把元宇宙与数字经济结合起来思考。

这个时候，我们的思路就会变得越来越清晰。

没有互联网之前，我们获取信息的方式是通过传统的纸媒（看书看报），以及会议传播、电话电报等手段，被称为“一维时代”。

互联网出现以后，我们迎来了二维时代。

元宇宙空间，我们将迎来三维、四维甚至多维时代。

互联网从单方面提供文字信息到大图片、自媒体、各种购物网站、小视频社区，到人机交互，再到元宇宙，这是互联网技术的一次又一次变革，背后的推力是信息技术的一次又一次突破，带宽更宽，速度更快。

随着信息技术、人工智能、人机交互、算法、算力、可穿戴设备、区块链、物联网的不断成熟，催生了新一轮互联网革命。

预计未来十年，所有的政府网站、商业网站、各种购物网站、生活网站，都将变成元宇宙空间，从二维到三维、四维乃至多维结构。

人与人之间的交流方式将发生重大改变，我们的生产生活将与元宇宙实现无缝对接。

元宇宙将成为我们新的互联网工具和数字化手段。

第二章

认识元宇宙

元宇宙具有两大特点：一是沉浸感，二是交互感。如果失去其中任何一个功能，都将失去元宇宙的意义和价值。

有了元宇宙，有利于我们更好地研究UFO。我们通过模拟UFO的飞行轨迹、外观形状，进一步分析UFO的运行原理、UFO的结构构成，就可以轻松掌握其运行规律。

我们白天工作，晚上休息。

其实，我们晚上并没有休息，我们的神经系统、生物系统还在继续工作，只是换了一个频道。

元宇宙是一个众多先进技术融合的产物，主要由硬件、软件、内容（创造）、应用（场景）四大部分构成。

元宇宙的英文是 Metaverse，由 Meta 和 Universe 组成。Meta（超越）和 Universe（宇宙），两者组合构成元宇宙的基本内容。意思不是“超越宇宙”，而是“超越时空”。

“元”在中文的注解里是“初始”“全新”的意思。元宇宙即新的宇宙、新的时空，普遍翻译为“虚拟世界”。

大家在谈及元宇宙的时候，都免不了提及美国科幻小说作家尼奥·斯蒂文森，他在 1992 年出版的《雪崩》一书中描述了一个平行于现实世界的网络世界——元界（Metaverse）。

所有的现实世界中的人在元界中都有一个网络分身（Avatar），也就是现在虚拟世界中的“数字人”“虚拟人”。这是被大家一致认为，最早将“元宇宙”公开表述出来的案例。

今天，尽管大家对元宇宙的认识还没完全统一，但多数人都认可，元宇宙是一个虚拟世界，是平行于现实世界的，有数字人、虚拟现实、区块链、数字货币、沉浸感、社区概念等共同特点，每个人在虚拟世界里都有自己的数字身份，都是独立的个体。

“百度百科”关于元宇宙的注解是：利用科技手段进行链接与创造的，与现实世界映射与交互的虚拟世界。

元宇宙本质上是对现实世界的虚拟化、数字化过程，需要对内容生产、商业系统、用户体验及实体世界内容等进行大量改造。

元宇宙的发展是循序渐进的，是在共享的基础设施、标准及协议的支撑下，由众多工具、平台不断融合、进化，最终成形的。

它基于扩展现实技术提供沉浸式体验，基于数字孪生技术生成现实世界的影像，基于区块链技术搭建商业体系，将虚拟世界与现实世界在商业系统、社交系统、身份系统上密切融合，并且允许每个用户进行内容生产和编辑。

我研究大量资料以后，对元宇宙也有一个基本的概述：元宇宙是通过 5G、大数据、云计算、物联网、区块链、人工智能、人机交互等众多高科技融合，搭建的与现实世界完全平行，并与现实世界保持及时链接的虚拟空间。

元宇宙首先是众多新科技融合的产物，如果我们的通信技术没有取得突破，没有5G、6G、量子通信技术，我们的互联网是根本无法往前迈进的。今天的通信网络发展之快，带动了强大的算法、算力的发展，才能把若干的数字孤岛链接起来，把数据充分挖掘出来，才有了今天数字技术的不断进步。

元宇宙具有两大特点：一是沉浸感，二是交互感。如果其中失去任何一个功能，都将失去元宇宙的意义和价值。

搭建元宇宙虚拟空间，首先要有真实感，要能够让用户快速融入虚拟环境，需要很好的沉浸感；而互动、交互则是我们进入元宇宙的主要目的，我们进入元宇宙，能够像在现实生活中一样该工作时工作，该玩的时候玩，实现所有的功能，并产生新的社交规则。

既要将现实世界在网络世界中完整地体现出来，还要将现实世界中难以实现的目标在网络世界中展现出来。这个网络世界（空间）就是我们所说的“元宇宙”。

元宇宙是一个存储于互联网，并与现实世界保持及时链接的虚拟世界。

我们需要佩戴AR眼镜、VR头显（VR既有头显模式，也有眼镜模式）等设备，借助人工智能、人机交互等手段，才能进入元宇宙世界。

不借助 AR、VR，我们暂时还无法进入元宇宙世界，不能达到沉浸式体验的目的，主要是因为目前我们所采用的显示技术的分辨率还达不到相应的要求。目前，我们才刚刚进入4K高清分辨率阶段，下一步将是8K时代。随着技术的迭代和突破，一旦达到16K分辨率的时候，我们就可以裸眼进入元宇宙空间。

之所以元宇宙在这个阶段开始出现，核心是通信技术有了重大突破，我们已经进入5G时代，能够满足我们进入元宇宙的基本带宽要求。在3G、4G时代，下载一部电影可能需要几小时，收发一个邮件也需要好几分钟，这样的通信条件根本无法满足我们开发和使用元宇宙的要求。不仅如此，今天的算法和算力、人机交互、人工智能等技术也都得到了长足发展，互联网产业进入新的变革阶段，数字经济已经实现产业化、规模化。

当前，元宇宙还处于发展初期，行业生态缺乏、商业模式不清晰，谈产业化还为时尚早。全球几乎所有元宇宙企业都面临一个共同难题：每个企业都是单独的个体，没有形成成熟的行业生态和完善的产业链，靠单个企业在短时间内把元宇宙产业做大，还非常困难。

在此，我们必须明确几个核心概念：

第一，互联网经济是数字经济的核心，今天我们正处于互联网经济的上半场，即将进入元宇宙时代。我们谈数字经济，不能脱离互联网经济。

第二，元宇宙的核心是互联网，是第四代互联网，也就是下一代互联网。元宇宙与互联网不是两个不同的或者孤立的概念，元宇宙是下一代互联网的表现形式，是传统互联网的升级版。

第三，虚拟经济与实体经济是相对的。数字经济、互联网经济、元宇宙经济都是虚拟经济，与实体经济是相辅相成的关系。

外星人-元宇宙

最近，我对 UFO 特别感兴趣，这可能与我研究元宇宙有某种联系。既然外星人（外星生物）有这么神奇的力量，似乎他们一直就生活在元宇宙世界。当我们人类还在憧憬元宇宙的时候，外星人是不是早已进入元宇宙世界了？

我们在元宇宙世界无所不能，畅游星空。

那么，外星人或外星生物是否真实存在？从全世界近百年发现的若干案例中，我们发现外星人的技术比人类先进若干倍，颠覆了我们对很多传统科学的认知。外星人乘坐的飞碟究竟以什么为动力？既没有发现发动机，也没有发现使用的是什么燃料作为动力，为什么可以达到高超音速飞行？在空中可以自由盘旋飞行，或瞬间移动，或高速运作过程中突然静止不动，或呈“之”字形摇摆，飞行方式完全毫无规律可言。外星人的科技文明为何会超越人类？

UFO 全称为“Unidentified Flying Object”，是指不明飞行物或飞碟。在欧洲历史上，在我国古代，都有关于 UFO 的记载。据悉，全世界约有一半的国家开展过对不明飞行物的研究，但是至今没有一个权威的结论。在美国，一些大学甚至把不明飞行物问题正式列入博士论文的选题，一些大学和空军院校还开设了不明飞行物课程。我国也成立了 UFO 研究会。

大家看到的外星人，基本上个子都不高，大概在 1.5 米以下，有两只奇怪的大眼睛，没有毛发，浑身灰色，头很大、身子很瘦小，典型的大头娃娃形状，常常被誉为“小灰人”。

外星人并不需要开口说话，靠意念就知道人们在跟他们说什么。也会用意念与人交流。大部分 UFO 研究者认为，外星人的沟通方式肯定比人类先进许多。

有了元宇宙，有利于我们更好地研究 UFO。我们通过模拟 UFO 的飞行轨迹、外观形状，进一步分析 UFO 的运行原理、UFO 的结构构成，就能掌握其运行规律。

当然，UFO 毕竟是神一般的存在。就好比我们很多人都相信神灵的存在，却从来没有办法来验证。我们要把神灵这些超自然、超现实的现象研究透，其难度是可想而知的。不过，元宇宙给了我们某种力量和手段，我们有机会去探索和发掘。

外星人的世界距离我们还非常遥远，亲眼见到外星人的毕竟只是极少数人，大多数外星人只是科幻作家笔下的神奇生灵。

过去听别人讲述外星人的故事，总是觉得太不可思议了。现在有了元宇宙，就不那么让人费解。

我们所有的不解都可以在元宇宙中找到答案，因为外星人可能一直生活在元宇宙。

梦境-元宇宙

虚拟世界总是与我们息息相关。很多人可能都有这样的经历，哪怕才几岁的孩子，他也会告诉父母，他梦见自己上大学了，还自己开车去学校。学校有很多老师和同学，有些同学还开私人飞机去上学。学校操场上停满了各种飞机和汽车。这些飞机和汽车不需要加油，坐上去按一下按钮就启动了。

在梦的世界里简直五花八门、无奇不有。我们无法预示要做什么梦，如何解梦。一种说法是与心情有关。日有所思，夜有所梦。其实，这个说法也不准确。有时候我们明明没有想过这个事情，梦里却多次出现。有时候梦的确又很神奇，在现实生活中居然应验了。

听说，做梦总是有原因的。王符就曾说“夫奇异之梦，多有收而少无为者矣”，认为做梦总有原因可寻。做梦的原因已知的有心理和生理两个方面，但即使是在人类已知的这两个方面，人类依然无法解释梦形成的机制、原理。

一种观点认为，人们梦境中出现的所有这些元素都是基于记忆产生的。梦境中所形成的事件及场景来自人们已有的认知及记忆，其中记忆所包含的内容有视觉、听觉、嗅觉、味觉、触觉、感觉等。心理学家认为，梦境的内容其实是在人们神经系统的感知、记忆、存储等功能下所产生的，蕴含着人们潜意识中的愿望和情感。

不得不承认，现有的科学对梦的解释还存在不少局限性。我曾经就多次梦到自己开飞机回老家，飞机就停在老屋前的一块空地上。我还想社会发展得这么快，家乡变得这么美，我们可以开飞机回老家，这是多么光宗耀祖的事情啊。过去只有在欧美发达国家才能见到的事情怎么这么快就降临到我们身上了。虽然只是一场梦，却可以增加很多生活的阅历，让我们在睡梦中陶醉，不也是生活的一部分吗？

经常梦游，总是那么好奇，总是那么威武。驰骋天下，无拘无束，周游列国，无所不能。难道这不是梦里的元宇宙吗？

我们白天工作，晚上休息。其实，我们晚上并没有休息，我们的神经系统、生物系统还在继续工作，只是换了一个频道而已。

关于梦境-元宇宙这个话题，今天提出来，希望有更多的朋友去探索、去分析，作为一项认知科学、脑科学去研究，也许会有更多意想不到的研究成果被挖掘出来。写到这里，我突然想起了 1996 年，著名科学家钱学森先生在阅读文献时注意到了“Virtual Reality”（VR），将之命名为“灵境”。“灵境”是否就是我们所说的梦境-元宇宙？

当年，他在写给戴汝为、汪成为等科学家的书信中预言：灵境技术是继计算机技术革命之后的又一项技术革命。它将引发一系列震撼全世界的变革，一定是人类历史中的大事。现在大家普遍把“Virtual Reality”翻译为“虚拟现实”，其基本实现方式是计算机通过模拟虚拟环境而带给人们难以辨别的真实感和沉浸感，让用户可以在虚拟世界体验到真实的感觉。

虽然，钱学森先生没有直接将我们日常的梦境解读为“灵境”，但是，对于梦境中的虚拟现实场景，还是有一些共鸣的。

梦境、灵境都是梦的一部分，我们每个人都有自己的梦想。有些梦想是现实世界中通过努力可以实现的，有些只能在梦境中实现。

不过，我们每个人都需要有梦想、幻想，有自己的追求。

只要我们愿意静静地思考，我们的思绪、我们的灵魂就可以“漂移”，我们可以随心飞翔，也可以求解现实的困难和问题。

哪怕我们的心灵所到之处都是美好的，并不影响我们在现实世界中所面临的困境。我们在现实世界中不能获得的，可以通过意念，在想象中获得。哪怕没有看过、没有得到，并不影响我们的想象力、创造力。

梦想总是要有的，万一实现了呢。

很多伟人曾经说过，我们不要拒绝幻想，不要在想象力面前止步。人生重在敢想，只有敢想，才能发现这个世界的美妙，才能寻找到更多奥秘，也才能开辟新的人生。

科学家牛顿发现了万有引力，是因为看到了苹果落在地上。科学家之所以能够成为科学家，关键在于善于思考。

著名物理学家霍金对宇宙的思考，我们看不懂，也听不懂。他是世界上公认的泰斗级人物，可是他为什么没有获得诺贝尔物理学奖？有评委直言：我们尊重霍金，我们信任他，但是他的思维太超前了，他的很多重要研究论述我们看不懂，无法得到实践验证……

越厉害的科学家思想越超前。

一位哲学家曾经说过，你的思想有多远，你的人生就能够走多远。

我们幻想过的，我们在梦境里遇到的，与我们现实世界中得到的，其实区别并不大。

物质的世界里，有些是看得见的存在，有些是看不见的存在。精神世界与物质世界同样重要。今天，精神世界与虚拟世界逐渐重合。

科技可以轻易再现我们的幻想，我们的意念。

元宇宙就是现实世界之外的世界。

元宇宙四大核心

元宇宙是一个由众多先进技术融合的产物，主要由硬件、软件、内容（创造）、应用（场景）四大部分构成。

硬件作为唯一通道，能够将我们带入元宇宙，但是还有一些技术问题逐步在应用过程中，还需要不断完善、优化和升级。比如，VR 头显和 AR 眼镜太重，戴久了会感觉很不舒服；人机交互既需要硬件支撑，也需要软件支持；对计算处理芯片、储存芯片的要求都非常高。

在 VR 头显和 AR 眼镜的减重和结构优化方面，广东兰湾智能科技公司通过与国外巨头合作，利用 3D 打印技术、拓扑优化等手段对 VR 头显和 AR 眼镜实行内部结构网络化和空心化改造，达到了轻量化的目的。在人机交互、可穿戴设备、精准投射、精密传感、超级计算等方面，还有许多不断提升的空间。

软件方面，特别是可视化、仿真软件的开发和设计软件的开发需要在更多应用端突破，借助人工智能、物联网、可穿戴设备等工具，与应用（场景）深度结合，才能达到更好的沉浸式体验效果和互动感。

内容（创造）方面，目前比较成熟的大多集中在游戏娱乐、社交和文创文旅、教育培训等消费端。下一步将更多地集中到工业生产、生活消费、健康医疗、商业购物等领域。

当前，专业化的软件设计人才还比较短缺，特别是熟悉工业仿真、3D 渲染、医疗健康、教育培训等具体产业领域的开发人才存在巨大的缺口。目前，工业设计软件、研发设计软件，在很多领域我们都没有突破，很多计算机终端平台使用的基础软件、公共服务平台软件也较缺乏。

应用（场景）是元宇宙发展的关键性因素。如果应用市场不能突破，元宇宙的发展将始终停留在概念上。而应用（场景）的突破需要与现实需求紧密结合，围绕各个细分领域进行软件开发、流程再造、顶层设计、制订解决方案。

元宇宙有哪些优势

元宇宙的优势在于，既能够完整呈现现实物理世界真实的一面，又能够展现现实世界中难以呈现的另外一面，是虚拟世界与现实世界的结合。虚拟世界赋能现实世界，可以改变我们的认知方式、学习方式、工作方式和思维方式，重构我们的社区生活。对于很多复杂的、抽象的事物，可以通过虚拟世界的场景再现，更好地掌握事物的构造和事物内在的逻辑关系。

在元宇宙的世界里，我们购买衣服的体验感更好、更直观，输入我们的身高、体重、喜好要求，可以试穿试用；也可以将自己实时扫描的图像带入元宇宙，体验效果一目了然。

在社交领域，元宇宙拉近了人与人之间的距离，使随时面对面沟通在虚拟世界变为现实。在文旅、文创、游戏、娱乐等领域，我们的体验感、参与感、沉浸感、穿越感能够更好地展现。

在元宇宙，我们通过区块链技术，对文化产品、艺术品确权，从根本上解决了文化艺术作品长期在互联网得不到知识产权有效保护的难题，也很好地实现了文化艺术作品的艺术价值和商业价值。

认识元宇宙的几大误区

由于元宇宙自身并不完全成熟，商业模式和技术路线还需要不断完善，社会各界对元宇宙的认识也存在不少误区：

一是认为元宇宙仅仅适用于游戏娱乐、文化创意行业；

二是认为元宇宙将彻底替代现实世界；

三是认为今后每个人都可以在元宇宙发行数字货币；

四是认为元宇宙完全采取去中心化的区块链技术；

五是认为元宇宙世界将是一个完全平等的自由世界；

六是认为元宇宙不需要互联网也能够进入；

七是认为元宇宙的核心是沉浸式体验；

八是认为元宇宙不会消耗大量的能源；

九是认为元宇宙是场骗局；

……

对任何新科技、新商业形态，在起步初期都有一个看不明白的过程。但是，我们要主动接触这些新事物，要包容、要探索，而不是排斥。

第一，元宇宙目前最直接、最感官的应用，的确是在游戏和娱乐、社交、教育等行业。但是，未来元宇宙将穿透任何领域，包括工业生产、商场购物、医疗、矿山、农业等方方面面，将诞生若干工业元宇宙、医疗元宇宙、生活元宇宙、农业元宇宙、社区元宇宙、建筑元宇宙等细分领域，并扮演重要角色，改变我们传统的生产方式和生活方式。

第二，元宇宙是基于现实，而又无限接近于现实的空间，不可能替代现实世界。就好比文学作品，来源于生活，而又高于生活。我们生活中不能实现的，都可以在文学作品中实现。我们人类生活在现实世界，不是生活在虚拟世界。元宇宙仅仅是我们现实世界的补充，是新的工具。

第三，元宇宙作为一个新的虚拟网络世界，将诞生新的数字货币。在元宇宙中，我们需要交易就需要使用数字货币。但是，任何国家都将出台严格的数字货币管理制度。即使在虚拟世界，任何流通的数字货币都将受到严格的管制。比特币这样的加密货币虽然客观存在，但是不会在元宇宙成为主体。各个国家将推出自己的主权数字货币。

第四，元宇宙将采取去中心化的区块链技术。区块链在元宇宙的普及和推广将是一个普遍趋势，特别是在金融、税务、票据管理、医疗、社区和自媒体领域，将有巨大的应用空间。

第五，元宇宙世界是一个虚拟的世界，可以天马行空，可以在一定程度上实现平等自由。

第六，元宇宙的基础是建立在互联网平台之上的，是新一代互联网的表现形式，不可能离开互联网进入虚拟世界；元宇宙的实质是互联网的升级版。

第七，元宇宙的特点是沉浸式，但是还需要交互，需要参与。如果没有参与，元宇宙就失去了意义，我们进入元宇宙就不能办公、交流。

第八，元宇宙需要大量的处理器，庞大的数据计算需要庞大的电能支撑。元宇宙的主机其实是一个巨大的高耗能产品。国际上很多规模庞大的机房都设立在深海或山洞里，可以达到很好的散热效果。

第九，元宇宙不是一场骗局，是商业模式的新变革，是数字经济新的发展方向，是新经济的重要组成部分。我们要从科学的角度去分析和研究，客观认识元宇宙，深刻理解元宇宙带给我们的意义和作用。

发展元宇宙的瓶颈

推广元宇宙产业发展，当前最大的困难还是认知，需要较长时间的科学普及和示范推广。2022 年年初，我经常给浙江、江苏、广东、福建等沿海发达地区的很多地方政府和产业园区的领导转发有关元宇宙的动态信息、媒体访谈，提醒他们元宇宙来了，要重视和关注元宇宙。但他们更注重医药、电子、电动汽车、氢能源、装备等能快速产生大量 GDP 的行业，对新东西还不太感兴趣。

早在 2015 年，我在推广机器人产业的时候，发现我们所谓的机器人只是自动化机器，而智能机器人时代已经来临，但是我们很多地方的机器人产业规划里面，全都围绕传统机器人的三大核心零部件“伺服电机、控制器、减速器”来布局，却忽视了智能机器人的核心已经不再是“伺服电机、控制器、减速器”，而是人工智能。

我写了很多文章呼吁机器人产业的发展方向应该调整，但收效不甚理想。

当时，广东“机器换人”的步伐很快，或许与广东传统产业比重太大有关系。广东对机器人的市场需求旺盛，而市场刚需也是加快培育机器人产业的大好时机。我给当时的广东省政府领导去函，建议广东省“抢抓机器人 2.0 时代发展机遇，积极布局智能机器人产业”。不久得到回复：“建议很好，要高度重视！”批示给广东省经信委要求与我具体对接。

可是后来，我收到了广东省经信委态度很好的几页回复之外，此事就告一段落，没有了后续。

现在，仿佛又回到了那个时候。

元宇宙的技术路线还不清晰，商业模式比较模糊，上下游企业没有形成完整的产业链，各自为政。产业生态缺乏，应用场景缺失，观望情绪持续。

媒体视角解读元宇宙

下面选择新华社、中新社、经济日报、中国日报的几篇报道，从媒体不同角度的报道中可以进一步加深对元宇宙的了解。

中国计算机行业协会元宇宙产业专业委员会成立

经济日报（记者李芃达）　2022-05-11

为积极抢抓数字经济新赛道，助力元宇宙产业健康有序发展，中国计算机行业协会元宇宙产业专业委员会（以下简称“元宇宙专委会”）5 月 11 日发起成立，15 位国际院士当选为名誉会长和专家委员会成员，中国工程院院士谭建荣和英国皇家工程院院士郭毅可当选为专委会联合会长，150 多家企业成为首批创始成员。

谭建荣院士表示，从虚拟现实到增强现实，从数字孪生到元宇宙，技术发展历程一脉相承。重要的是摸清行业发展现状，尽快启动行业发展规划，制定行业标准，做好基础性工作。

元宇宙专委会执行会长兼秘书长罗军认为，专委会成立有利于及时摸清我国元宇宙产业发展现状；有利于改善行业“小而散”的被动局面；有利于加强科学普及、示范推广和人才培养，促进社会各界更好地认识和推动产业发展。

罗军介绍，专委会工作将主要体现在几个方面：一是牵头起草行业标准和制定产业规划；二是举办国际元宇宙产业大会，促进国际间的对话交流；三是搭建元宇宙主题社区，打造工业元宇宙、健康元宇宙、建筑元宇宙等各种主题元宇宙，拓宽应用场景；四是推动元宇宙科学普及和示范应用，为我国元宇宙产业的健康有序发展积淀经验。

与会企业普遍认为，虽然元宇宙技术本身和商业模式目前还不清晰，底层架构的基础技术平台和顶层设计还需要加强，但趋势非常明显。来自京东方、超图、奇虎等会员企业呼吁社会各界客观、科学地认识元宇宙。

如何积极拥抱元宇宙？听听专家怎么说

新华财经（徐珊珊 丁正威） 2022-05-12

为积极抢抓数字经济新赛道，引领元宇宙产业健康有序发展，中国计算机行业协会元宇宙产业专业委员会（以下简称“元宇宙专委会”）5 月 11 日正式发起成立。成立大会以线上方式举行，与会专家学者及相关企业人士围绕元宇宙的概念、技术及产业现状、推广应用、未来发展空间等展开热烈讨论。

随着新一代信息技术的快速发展和更新迭代，元宇宙这一概念也在近期成为国内外业界的关注焦点。在 5G 通信、大数据、云计算、物联网、人机交互、人工智能等众多新技术的融合下，以虚拟现实与混合现实等多种手段相结合，元宇宙作为数字经济新的产业形态，正在推动新一轮互联网变革。

中国工程院院士、浙江大学特聘教授谭建荣表示，元宇宙未来发展不可限量。元宇宙发展将呈现五大趋势：一是创作升级。我们可以创造不同场景的数字化空间。二是计算升级。由元宇宙来创造资源，形成海量的需求，能够让内容体验更加逼真。三是体验升级。人机交互从间接交互到真实交互，到自然交互。通过手势、声音、体感、肢体运动、眼球动作、面部表情等能够更加接近自然的直接交互，并且随着脑机接口来理解我们所需要的动作。四是决策升级。主要通过感官来形成判断能力和决策能力，元宇宙将通过人工智能来促进人们的决策更精准。五是商业升级。在元宇宙中，人与人、人与信息、人与商品、人与服务的关系将发生深刻改变，带来场景的革命。

当前，美国、日本、韩国等国家都相继推出元宇宙产业发展规划。彭博社预测，元宇宙将在 2024 年达到 8000 亿美元的市场规模；普华永道预测，元宇宙市场规模在 2030 年将达到 1.5 万亿美元。元宇宙专委会专家预测，我国元宇宙上下游产业目前产值为 300 亿元左右，主要体现在游戏娱乐、VR 和 AR 硬件等方面，未来五年，国内元宇宙市场规模将至少突破 2000 亿元大关。

面对元宇宙如此大的市场规模和机遇，我国应如何把握和应对？与会专家认为，发展元宇宙产业不能空谈概念，有很多的扎实工作要做，有必要密切关注和深入推动元宇宙产业发展，赋能传统产业融入数字经济新赛道。

谭建荣表示，当前重要的是摸清行业发展现状，尽快启动行业发展规划，制定行业标准，做好基础性工作。

元宇宙需要很多基础技术支撑，包括扩展现实技术、数字孪生、区块链技术。

中国计算机行业协会常务副秘书长相春雷表示，元宇宙是一个包含计算机、通信、生物技术乃至医学、社会治理、哲学、文化等多学科交叉的前沿领域，对我们一些传统的计算机领域和计算平台提出了新的要求。

元宇宙专委会执行会长兼秘书长罗军认为，尽管元宇宙的概念还很模糊，但并不影响我们主动拥抱元宇宙的热情。元宇宙专委会的成立标志着我国元宇宙产业逐渐从看不见走向现实世界，有利于及时摸清我国元宇宙产业发展现状；有利于改善行业“小而散”的被动局面；有利于加强科学普及、示范推广和人才培养，促进社会各界更好地认识和推动产业发展。

与会企业也普遍认为，虽然元宇宙技术本身和商业模式目前还不清晰，底层架构的基础技术平台和顶层设计还需要加强，但发展趋势非常明显。他们还呼吁社会各界客观、科学地认识元宇宙，元宇宙不只是体现在游戏娱乐领域，更为核心的是改变我们的生活方式，将渗透到我们生产生活的方方面面。

会上，15 位国际院士当选为名誉会长和专家委员会成员，150 多家企业成为首批创始成员。

据了解，未来元宇宙专委会的工作将主要体现在以下几个方面：一是牵头起草行业标准和制定产业规划，发挥行业智库作用；二是举办国际元宇宙产业大会，促进国际间的对话交流；三是搭建元宇宙主题社区，打造工业元宇宙、生活元宇宙、健康元宇宙、医疗元宇宙、建筑元宇宙、商业元宇宙等各种主题元宇宙，拓宽应用场景；四是推动元宇宙科学普及和示范应用，为我国元宇宙产业的健康有序发展积淀经验。

元宇宙时代来了？专家：上下游产业产值超过 300 亿元

中新社财经 5 月 11 日电（记者庞无忌） 2022-05-11

去年以来，元宇宙概念炙手可热，但争议同样不断。如何拥抱互联网产业的“下半场”？

5 月 11 日，中国计算机行业协会元宇宙产业专委会（以下简称“元宇宙专委会”）正式发起成立。德国工程院院士、汉堡大学多模态研究所所长张建伟教授等 15 位国际院士当选为名誉会长和专家委员会成员，中国工程院院士谭建荣和英国皇家工程院院士郭毅可当选为元宇宙专委会联合会长，150 多家企业成为首批创始成员。

元宇宙专委会联合会长、中国工程院院士、浙江大学特聘教授谭建荣表示，从虚拟现实到增强现实，从数字孪生到元宇宙，技术发展历程一脉相承。

元宇宙将成为平行现实世界的第二空间、数字空间，未来发展不可限量。

他认为，当前，重要的是摸清行业发展现状，尽快启动行业发展规划，制定行业标准，做好基础性工作。

元宇宙需要很多基础技术支撑，包括扩展现实技术、数字孪生、区块链技术。

谭建荣说，未来元宇宙发展将呈现五大趋势。一是创作升级，可以创造不同场景的数字化空间。二是计算升级，由元宇宙来创造资源，形成海量的需求，能够让内容体验更加逼真。三是体验升级，人机交互也从间接交互到真实交互，到自然交互。通过手势、声音、体感、肢体运动、眼球动作、面部表情等能够更加接近自然的直接交互，并且随着脑机接口来理解所需要的动作。四是决策升级，主要通过感官来形成判断能力和决策能力，元宇宙将通过人工智能来促进人们的决策更精准。五是商业升级，在元宇宙中，人与人、人与信息、人与商品、人与服务的关系会发生深刻改变，带来场景的革命。

元宇宙专委会联合会长、香港浸会大学副校长郭毅可认为，由去中心化自主组织、虚拟现实和人工智能这三个关键点交叉融合衍生出元宇宙中的诸多技术。通过 Web 3.0 承载这些关键点和技术，我们将最终发展出去中心化数据经济，实现虚实交融，达到人机共生的目标。

德国工程院院士、元宇宙专委会名誉会长张建伟表示，他们在德国汉堡大学的团队已经开始利用多模态技术开发元宇宙底层技术和系列产品，效果很好，下一步将加强与专委会同行的交流与合作。

元宇宙专委会执行会长兼秘书长罗军认为，元宇宙代表了互联网的未来和数字经济新的趋势，受到世界各国重视。如今我们已经进入互联网的下半场，即将迎来互联网的 4.0 时代，即元宇宙时代。专委会的成立标志着我国元宇宙产业逐渐从看不见走向现实世界，有利于及时摸清我国元宇宙产业发展现状；有利于改善行业“小而散”的被动局面；有利于加强科学普及、示范推广和人才培养，促进社会各界更好地认识和推动产业发展。

罗军介绍，元宇宙专委会的工作将主要体现在以下几个方面：一是牵头起草行业标准和制定产业规划，发挥行业智库作用；二是举办国际元宇宙产业大会，促进国际间的对话交流；三是搭建元宇宙主题社区，打造工业元宇宙、生活元宇宙、健康元宇宙、医疗元宇宙、建筑元宇宙、商业元宇宙等各种主题元宇宙，拓宽应用场景；四是推动元宇宙科学普及和示范应用，为我国元宇宙产业的健康有序发展积淀经验。

多家与会企业认为，虽然元宇宙技术本身和商业模式目前还不清晰，底层架构的基础技术平台和顶层设计还需要加强，但是趋势非常明显，美国、日本和韩国等发达国家都相继出台了政策措施，积极推动元宇宙产业发展。在互联网下半场，我们必须主动布局，积极引导，主动拥抱元宇宙。

彭博社行业报告预计，元宇宙的市场规模将在2024年达到8000亿美元；普华永道预测，元宇宙的市场规模在2030年将达到1.5万亿美元；花旗银行预测，2030年元宇宙经济的总市场可能增长到8万亿至13万亿美元，并预计元宇宙用户数量可能多达50亿户。

元宇宙专委会专家预测，我国元宇宙上下游产业目前产值为300亿元左右，主要体现在游戏娱乐、VR和AR硬件等方面，未来五年，国内元宇宙市场规模将至少突破2000亿元。

元宇宙产业正在起步阶段 要促进与传统领域深度融合

每日经济新闻（记者李明明　编辑陈星）

◎中国计算机行业协会元宇宙产业专委会于2022年5月11日正式发起成立。

◎我国元宇宙产业总体上还处于刚刚起步阶段。其应用场景，核心是促进元宇宙与传统领域的深度融合。

2021年，元宇宙无疑是互联网领域最受关注的概念之一。为积极抢抓数字经济新赛道，引领元宇宙产业健康有序发展，中国计算机行业协会元宇宙产业专委会于5月11日正式发起成立。

专委会专家预测，我国元宇宙上下游产业目前产值为300亿元左右，主要体现在游戏娱乐、VR和AR硬件等方面，未来五年，国内元宇宙市场规模将至少突破2000亿元大关。

元宇宙概念火了，但也有很多疑问需要解答。元宇宙距离产业化还有多远？我国元宇宙领域发展在世界上处于什么水平？针对上述问题，《每日经济新闻》记者书面采访了中国计算机行业协会元宇宙专委会执行会长兼秘书长罗军。

罗军认为，我国元宇宙产业总体上还处于刚刚起步阶段。其应用场景，核心是促进元宇宙与传统领域的深度融合。利用当前我国政府正在大力推进的数字化工程，引入元宇宙模式，能够从更高维度去布局。

元宇宙技术路线和商业模式还不清晰

元宇宙代表了互联网的未来和数字经济新的趋势，已经备受世界各国的高度重视。谈及我国元宇宙领域的发展水平，罗军表示，元宇宙目前在全世界都不完全成熟，技术路线和商业模式还不完全清晰。我国在元宇宙方面处于跟随阶段，比美国、韩国、日本起步都晚，缺乏底层架构、创新引领、龙头示范，也缺乏明确的政策信号。

“在‘硬件、软件、内容、应用’四大领域，基本还是一盘散沙、各自为政，‘小而散’的不利局面阻碍了行业发展。”罗军说。元宇宙话题热度不减，相关概念受到资本热捧，科技企业和投资人也争相加入。

谈及我国元宇宙发展的优势和短板，罗军认为，主要体现在很多高新技术领域缺乏创新引领，缺乏在基础科学研究上的专注、执着和持续投入，往往等国外新技术、新工艺、新模式出现以后，一拥而上。

“其实，这既是优势也是劣势。之所以是优势，是因为有更多的企业愿意主动参与到这些新兴领域，有利于快速提升科学普及和示范推广，有利于围绕应用端，促进新兴科技和新商业模式与传统产业深度融合，也有利于在提高应用的同时把成本快速降下来。”他强调。

劣势主要体现在很多企业急于求成赚快钱，不愿意投入基础性研究，不愿意沉下来攻克技术难关，导致我们在很多时候总在跟随，难以超越。

目前，虚拟现实技术是元宇宙的核心技术，虚拟现实技术可以提供沉浸式的体验。

目前，我国的 VR/AR 技术发展程度如何，能够达到元宇宙所需的标准吗？

“目前，我国在 VR/AR 等技术领域与国外的差距不是太大，很多国际上

VR 和 AR 龙头企业的产品都是在国内代工。”但是他也指出，包括苹果等在内的行业巨头都在不断优化，使体验效果和沉浸感更好，同时舒适感也更好，无论 AR 眼镜还是 VR 头显，都需要借助 3D 打印技术，实现轻量化改造。目前的很多技术标准还没完善。

游戏娱乐、文创文旅是最容易与元宇宙结合的行业

元宇宙的概念想要成真，还需落地成为成熟产业。罗军认为，我国元宇宙产业总体上还处于刚刚起步阶段，很多基础性的底层平台还没有搭建，政策法规也没有出台，国家顶层的路线图没有制定，行业自律和行业治理缺失。

目前，人们对元宇宙的认识还存在不少误区，认为元宇宙就是游戏娱乐，或者与区块链绑定发行数字货币，还有不少人认为元宇宙就是“忽悠”，虚拟世界的东西不能替代现实世界。

“实际上，游戏娱乐行业、文创文旅行业借助元宇宙某些技术能够增强体验感、沉浸感和参与感。游戏娱乐、文创文旅也的确是最容易与元宇宙结合的行业。”他指出。

“元宇宙的应用场景，核心是促进元宇宙与传统领域的深度融合。利用当前我国政府正在大力推进的数字化工程，引入元宇宙模式，能够从更高维度去布局，诸如工业元宇宙、生活元宇宙、教育元宇宙、健康元宇宙、医疗元宇宙、建筑元宇宙、文创元宇宙等各种主题元宇宙，将我们当前推进的数字博物馆、数字工厂、数字医疗等，与元宇宙结合，起到提质增效的作用，实现数字产业的转型升级。”罗军进一步分析说。

在元宇宙的发展过程中，遇到的资本绑架、伦理风险、虚拟空间管控、立法监管空白等新问题，应该如何规范？对此，罗军表示，首先要加强行业组织的建设，利用行业协会和联盟，及时摸清行业发展现状，制定技术路线和产业规划，引领其健康有序发展。

其次政府主管部门对待新技术、新工艺和新模式，要采取包容开放的态度，通过扶持和鼓励行业协会来实现行业自律和自我约束。

同时，要及时制定相关法律法规和行业标准，及时纠正行业发展过程中存在的问题。

此外，记者在会上了解到，与会企业普遍认为，虽然元宇宙技术本身和商业模式目前还不清晰，底层架构的基础技术平台和顶层设计还需要加强，但是趋势非常明显，美国、日本和韩国等国家都相继出台了政策措施，积极推动元宇宙产业发展。在互联网下半场，必须主动布局，积极引导，主动拥抱元宇宙。

互联网进入下半场 元宇宙将渗透到生产生活方方面面

中国日报（记者杜鹃） 2022-05-11

为积极抢抓数字经济新赛道，引领元宇宙产业健康有序发展，中国计算机行业协会元宇宙产业专委会（以下简称“元宇宙专委会”）于 5 月 11 日正式发起成立，德国工程院院士、汉堡大学多模态研究所所长张建伟教授等 15 位国际院士当选为名誉会长和专家委员会成员，中国工程院院士谭建荣教授和英国皇家工程院院士郭毅可教授当选为元宇宙专委会联合会长，加拿大工程院院士、深圳大学梁中明教授、北京大学前沿计算中心邓小铁教授、西安电子科技大学焦李成教授、清华大学未来实验室主任徐迎庆教授、北京师范大学虚拟现实工程中心主任周明全教授、北京航空航天大学数字社会与区块链实验室主任蔡维德教授、哈尔滨工业大学智能接口与人机交互研究中心主任范晓鹏教授、湾区硅谷 CEO 罗军教授等被推举为副会长，150 多家企业成为首批创始成员。

元宇宙专委会联合会长、浙江大学特聘教授谭建荣院士表示，从虚拟现实到增强现实，从数字孪生到元宇宙，技术发展历程一脉相承。

元宇宙将成为平行现实世界的第二空间、数字空间，未来发展不可限量。当前，重要的是摸清行业发展现状，尽快启动行业发展规划，制定行业标准，做好基础性工作。元宇宙需要很多基础技术支撑，包括扩展现实技术、数字孪生、区块链技术。未来元宇宙发展将呈现五大趋势：一是创作升级。我们可以创造不同场景的数字化空间。二是计算升级。由元宇宙来创造资源，形成海量的需求，能够让内容体验更加逼真。三是体验升级。人机交互也从间接交互到真实交互，到自然交互。通过手势、声音、体感、肢体运动、眼球动作、面部表情等能够更加接近自然的直接交互，并且随着脑机接口来理解我们所需要的动作。四是决策升级。通过感官主要来形成判断能力和决策能力，元宇宙就要通过人工智能来促进人们的决策更精准。五是商业升级。在元宇宙中，人与人、人与信息、人与商品、人与服务的关系会发生深刻改变，带来场景的革命。

元宇宙专委会联合会长、香港浸会大学副校长郭毅可院士告诉记者：由去中心化自主组织、虚拟现实和人工智能这三个关键点交叉融合衍生出元宇宙中的诸多技术。通过 Web 3.0 承载这些关键点和技术，我们将最终发展出去中心化数据经济，实现虚实交融，达到人机共生的目标。我们目前对于元宇宙的研究主要集中在作为数据知识产权的艺术作品的人机共创研究，包括三个方面：一是将采集人在艺术创作和欣赏过程中的情感，驱动人工智能实现真正有创造力和情感的艺术作品生成。二是将建立元宇宙体验设施，达到虚实结合的艺术体验；三是将艺术家和机器在实际互动中完成情感共生的艺术创作。通过科学与技术的强大力量，改变人类与机器在艺术创作中的互动方式，将推进人类与机器共同创造艺术的新方向。

德国工程院院士、元宇宙专委会名誉会长张建伟教授表示，他们在德国汉堡大学的团队已经开始利用多模态技术开发元宇宙底层技术和系列产品，效果很好，下一步将加强与专委会同行的交流与合作。

元宇宙专委会执行会长兼秘书长罗军教授认为：元宇宙代表了互联网的未来和数字经济新的趋势，已经备受世界各国的高度重视。今天，我们已经进入互联网的下半场，即将迎来互联网的 4.0 时代，即元宇宙时代。尽管元宇宙的概念还很模糊，很多人看不清楚，但并不影响我们主动拥抱元宇宙的热情。专委会的成立标志着我国元宇宙产业逐渐从看不见走向现实世界，有利于及时摸清我国元宇宙产业发展现状；有利于改善行业“小而散”的被动局面；有利于加强科学普及、示范推广和人才培养，促进社会各界更好地认识和推动产业发展。元宇宙专委会的工作将主要体现在以下几个方面：一是牵头起草行业标准和制定产业规划，发挥行业智库作用；二是举办国际元宇宙产业大会，促进国际间的对话交流；三是搭建元宇宙主题社区，打造工业元宇宙、生活元宇宙、健康元宇宙、医疗元宇宙、建筑元宇宙、商业元宇宙等各种主题元宇宙，拓宽应用场景；四是推动元宇宙科学普及和示范应用，为我国元宇宙产业的健康有序发展积淀经验。他强调指出，专委会的使命是引领和带动行业发展，深化元宇宙与生产生活各要素的深度融合。

与会企业普遍认为，虽然元宇宙技术本身和商业模式目前还不清晰，底层架构的基础技术平台和顶层设计还需要加强，但是趋势非常明显，美国、日本和韩国等发达国家都相继出台了政策措施，积极推动元宇宙产业发展。在互联网下半场，我们必须主动布局，积极引导，主动拥抱元宇宙。来自京东方、超图、奇虎等的同行会员企业也发表了类似观点，他们呼吁社会各界客观、科学地认识元宇宙，积极主动拥抱元宇宙。元宇宙不只是体现在游戏娱乐领域，更为核心的是改变我们的生活方式，将渗透到我们生产生活的方方面面。

彭博社行业报告预计，元宇宙将在2024年有望达到8000亿美元；普华永道预测，元宇宙市场规模在2030年将达到1.5万亿美元；花旗银行预测，2030年元宇宙经济的总市场可能增长到8万亿到13万亿美元，并预计元宇宙用户数量可能多达50亿户；摩根士丹利研报显示，未来中国元宇宙市场规模可能达到8万亿美元。专委会专家预测，我国元宇宙上下游产业目前产值为300亿元左右，主要体现在游戏娱乐、VR和AR硬件等方面，未来五年，国内元宇宙市场规模将至少突破2000亿元大关。

另悉，由元宇宙专委会主办的国际元宇宙产业大会将于下半年举行。大会主题：抢抓互联网新赛道，促进数字经济新发展。

……

从媒体报道的角度看，基本把我们对元宇宙的认识和元宇宙产业的发展思路说清楚了。当然，这个说清楚也只是概念上的，很多人还是和我当初一样，对元宇宙充满偏见、不解、不屑。当然，也充满好奇。我相信在未来几年，我们还需要经历漫长的科学普及、示范应用，促进元宇宙与传统产业的深度融合，并想办法将元宇宙建在学校、工厂、社区。

新科技、新模式势不可挡，我们别无选择。曾经有人提醒我说，不要跟随别人的节奏走。元宇宙不就是 Facebook 公司吗？不就是一些游戏企业“收割韭菜”的工具吗？其实，不能这么说，Facebook 只是众多元宇宙企业中的一个，并不能代表元宇宙。而社区、游戏娱乐行业由于其特殊性，率先引用元宇宙概念，并不意味着元宇宙就是游戏娱乐企业。

关于我们是不是要随着美国的节奏走这个话题，我觉得科技应该无国界，科技是为全人类服务的。当下很多新科技、新经济都最早从美国诞生，短期内我们还无法超越，但我们不能视而不见。在科技面前，要么超越，要么跟随，但不能掉队。目前，我们还无法超越，我们需要虚心学习和借鉴，这并不影响我们对新科技的尊重，以及我们自身的努力。

第三章

元宇宙与数字经济

数字经济就是互联网经济。

通过互联互通，将若干数据孤岛实现有效链接；通过计算实现数据分析、数据挖掘、数据分类，最终形成数字商业、数字产业。

谈论数字经济不可能撇开互联网。

目前，我们正处于互联网的“上半场”，随着 6G 和量子通信技术的出现，即将迎来互联网的“下半场”，而元宇宙将是互联网经济和数字经济未来新的商业形态和新的赛道。

元宇宙是数字经济和互联网经济的升级版。

数字经济就是互联网经济

数字经济是什么？是通过信息技术等手段，将生产生活和社会活动中产生的大量数据，通过计算实现分类、提炼、挖掘、确权、交易、商业利用而形成的数字形态，并与信息技术、物联网技术、人工智能等其他先进技术融合，形成新的商业模式，即数字产业。

数字经济就是互联网经济。

通过互联互通，将若干数据孤岛实现有效链接；通过计算实现数据分析、数据挖掘、数据分类，最终形成数字商业、数字产业。

也有观点认为，数字经济是通过大数据（数字化的知识与信息）的识别—选择—过滤—存储—使用，引导、实现资源的快速优化配置与再生，实现经济高质量发展的经济形态。

数字经济作为一个内涵比较宽泛的概念，凡是直接或间接利用数据来引导资源发挥作用，推动生产力发展的经济形态都可以纳入其范畴。在技术层面，包括大数据、云计算、物联网、区块链、人工智能、5G 等新兴技术。在应用层面，新零售、新制造、新经济、新商业等都是其典型代表。

G20 杭州峰会发布的《二十国集团数字经济发展与合作倡议》指出：数字经济是指以使用数字化的知识和信息作为关键生产要素，以现代信息网络作为重要载体，以信息通信技术的有效使用作为效率提升和经济结构优化的重要推动力的一系列经济活动。

美国复合技术联盟主席塔帕斯科特在 1995 年出版的《数字经济——联网智力时代的承诺和风险》一书中强调：数字经济是信息经济的另一种称谓，旨在突出支撑信息经济的信息技术二进制的数字特征，是一种互联网经济。信息技术的数字革命，使数字经济成了基于人类智力联网的新经济。

1998 年 4 月 15 日，美国商务部公布了题为《浮现中的数字经济》的第一份研究报告，着重分析信息这一核心资源对宏观经济和微观经济的决定性作用。这些报告均以分析信息产业、电子商务、网络经济等有关信息经济的发展为内容。数字经济的概念被越来越多的人所接受。

数字经济的核心是数据要素和信息技术。数据要素包括从数据产生到数据商业利用的过程，最终形成数据产业；而信息技术包括互联网技术、通信技术和人工智能等。

发展数字经济是把握新一轮科技革命和产业变革新机遇的战略选择，是新一轮国际竞争的重要手段。

2022 年 7 月，国务院办公厅正式批复，设立数字经济部际联席会议制度，落实《“十四五”数字经济发展规划》部署，加强统筹协调，不断做强做优做大我国数字经济。

截至 2021 年年底，我国数字经济规模达 45.5 万亿元，总量稳居世界第二，年均复合增长率达 13.6%，占 GDP 比重提升至 39.8%；截至 2022 年 6 月底，我国已经建成 185.4 万个 5G 基站，成为全球规模最大、技术领先的网络基础设施。所有县城均已完成 5G 信号覆盖。我国 5G 基站总量占全球的 60%以上，5G 用户数达 3.55 亿户，千兆用户规模达 3456 万户；IPv6 地址资源总量位居世界第一，IPv6 活跃用户数达 6.08 亿户，占比达 67%，IPv6 的流量分别已经占城域网流量的 10.8%和 LTE 移动网流量的 40.8%。

2020 年，我国算力产业规模超过 2 万亿元，直接和间接分别带动经济产出 1.7 万亿元和 6.3 万亿元。我国算力规模全球排名第二，近 5 年算力年均增速超过 30%。

2021 年 5 月，我国正式实施了“东数西算”工程，预计我国算力在“十四五”期间将年均增长 20%以上，每年会增加约 4000 亿元的投资。

2021 年，全球算力比例美国占了 31%，我国占了 27%，日本约占 5%，德国占 10%，英国占 3%。我国信息领域 PCT 国际专利申请数量超过 3 万件，全球占比超过 1/3。根据《“十四五”数字经济发展规划》，到 2025 年，我国数字经济核心产业增加值占 GDP 的比重将达到 10%。

人工智能的计算都需要大量使用算力，在元宇宙世界里，算力的需求数量更为庞大、要求更高。算力产业包括超算中心、数据中心、计算中心。

算力、算法是我们进入元宇宙的重要支撑。有专家表示，在元宇宙的世界里，我们的算力至少将提升 1 万倍，甚至 10 万倍。

在数字技术创新方面，我国 5G 通信技术和产业应用全面领先，高性能计算保持优势，北斗导航卫星全球覆盖并规模应用。芯片自主研发能力稳步提升，国产操作系统性能大幅提升。人工智能、云计算、大数据、区块链、量子信息等新兴技术跻身全球第一梯队。

目前，国家层面还没有对元宇宙有一个正面的表述。各级政府都在积极推动数字经济发展，但数字经济与互联网经济、与元宇宙之间究竟是什么逻辑关系，如何理解元宇宙对数字经济的促进和拉动作用，鲜少提及。

数字经济新赛道

数字经济已成为新一轮科技革命和产业变革的战略力量，将推动产业结构调整和新经济快速崛起。

数据需要互联才能产生价值和意义，否则就是一座座“数据孤岛”。谈论数字经济不可能撇开互联网。目前，我们正处于互联网的“上半场”，随着 6G 和量子通信技术的出现，即将迎来互联网的“下半场”，而元宇宙将是互联网经济和数字经济未来新的商业形态和新的赛道。

国务院发布的《“十四五”数字经济发展规划》中，明确强调发展互动视频、沉浸式视频、云游戏等新业态。

尽管元宇宙的商业模式和软硬件技术工艺还不完全成熟，但是，元宇宙代表了数字经济和互联网经济新的发展趋势，我们有必要密切关注并提早布局。

数字经济的核心就是促进传统产业与互联网深度融合。元宇宙则是互联网发展新阶段的产物，在 5G 的强大支撑下，通过大数据、云计算、人工智能、区块链、物联网等科技手段，打造独特的网络空间，构建独具特色的工业元宇宙、生活元宇宙、商业元宇宙、交通元宇宙、教育元宇宙、文化元宇宙、艺术元宇宙、建筑元宇宙等。可以说，每个领域、每个城市、每个企业都可以建立自己的元宇宙，而且可以细分，可以体验、参与、分享。

元宇宙产业是数字经济发展的支撑平台，是新一代互联网发展的新模式。

如今的互联网自从诞生以来先后经历了文字、图片、小视频等阶段，下一步将进入元宇宙时代。

从互联网的产生、应用到技术不断升级，互联网从最初的信息传播工具变成今天的生产和生活工具，互联网已成为数字经济的核心要素，并主导数字经济发展。谈数字经济不可能离开互联网，因为数据需要互联才能产生价值和意义。如今我们已成功将传统生产、生活领域的各个要素市场和互联网有机结合起来，形成了庞大的产业互联网和数字产业。

元宇宙未来市场巨大

彭博社预计，元宇宙将在 2024 年达到 8000 亿美元的市场规模；普华永道预测，元宇宙市场规模在 2030 年将达到 1.5 万亿美元。摩根士丹利发布的研报显示，未来中国元宇宙市场规模可能达到 8 万亿美元。花旗银行预测，2030 年元宇宙总市场将增长到 8 万亿至 13 万亿美元。

Analysis Group 编写的一份《元宇宙白皮书》称：如果元宇宙技术从 2022 年开始被采用，到 2031 年，元宇宙技术将为全球 GDP 贡献 3.01 万亿美元，其中约三分之一（1.04 万亿美元）来自亚太地区。他们预测在未来几年内元宇宙市场将在 8000 亿～2 万亿美元。而当元宇宙被广泛采用后，元宇宙市场将会在 3 万亿～30 万亿美元之间，最乐观的估计可超过 80 万亿美元。

互联网与 VR 将我们带入元宇宙

互联网的使命还远未结束，如今新科技、新工艺、新模式不断涌现，当网络速度更快、带宽更宽、计算能力更强时，人们对互联网的商业模式会提出更高要求。如果将当前的互联网称为“上半场”，那么当 6G 和量子通信技术出现后，互联网的变革将进入“下半场”，我们也会迎来数字经济新的爆发期。

元宇宙将成为互联网经济和数字经济新的赛道。

我们通过 VR（虚拟现实）、AR（增强现实）、XR（扩展现实）、MR（混合现实）等科技手段可以轻松进入虚拟空间，实现现实生活中难以实现的目标，并利用虚拟现实改写我们的教育、培训、学习和社交方式。我们获取知识的模式将从传统思维中解放出来，在具有沉浸感的虚拟环境中更好地体验现场，感受未知，与现实物理空间融合。

虚拟现实和互联网的深度融合，将改变传统互联网的空间布局和展现形式，改变人们的生活习惯、重塑社区交流和工作方式，开辟元宇宙时代。

元宇宙是利用大数据、前沿计算、物联网、区块链、人工智能、人机交互等众多科技手段，打造的与现实世界完全平行而又超越或接近现实世界的虚拟空间。在元宇宙时代，数据确权、数据安全、数据交易、数据产业、数据应用将变得更为普遍。数字经济和数字产业将随着元宇宙时代进入新的发展阶段。

元宇宙将从消费端开始爆发

互联网改变了人们获取信息的方式。

随着社交网站和社交工具的不断创新，人们的交流方式将再次发生深刻改变。比如，现在很多游戏娱乐领域率先引进虚拟现实技术，使游戏娱乐有更好的沉浸感、参与感，将促进游戏娱乐行业迅速实现技术升级，产业扩展进一步加大。文创、文旅和艺术领域，通过区块链技术对作品确权，通过 NFT 等手段，实现数字作品在线交易。这些是最早引入元宇宙概念并实现盈利的板块。

几大互联网龙头企业都不约而同地选择从游戏娱乐、社交、数字藏品（文化产品）入手，是因为这些领域进入门槛比较低，过去他们也一直深耕这些领域，拥有庞大、成熟的市场和流量，能轻松实现更多盈利。元宇宙对他们来讲，只是一个赋能的工具，并不是一个全新的领域。

而大多数地方政府则更加注重元宇宙在工业、商业、医疗、教育等产业的应用和融合，发挥其正能量的作用，推动社会进步和人们生活方式的变化。

元宇宙的应用也是由浅入深，从 C 端入手，在消费端爆发。游戏娱乐虽然并不讨家长们喜欢，但也是一个不错的应用场景。

社区聊天网站是个大市场，这正是 Facebook 看中的，目前其投入了 400 多亿美元，还没实现盈利，这笔巨款主要用在技术迭代和人才方面，全面改造聊天空间，营造沉浸感的聊天环境，开发新的交互工具，直接将大家带入元宇宙环境中。

社交和游戏与元宇宙结合，对科学普及元宇宙知识普及具有很好的效果。接下来就是门户网站、购物网站等商业网站和各类信息网站的转型，电视、通讯社等传统媒体的转型，通过社区交流、购物体验、创作者分享等，逐步提高元宇宙的普及率。

第四章

元宇宙与互联网

Web 3.0 试图通过去中心化的网络架构，重新实现互联网价值，变革互联网与开发者、用户之间的生产协作关系。

Web 1.0 体现的是平台单方面传播信息的功能；Web 2.0 体现的是交互的功能，用户与平台、用户与用户之间产生互动；Web 3.0 体现的是去中心化、用户价值、数据确权。

元宇宙时代，最先改造的就是互联网空间、内容、组织结构。

Web 3.0

从 Web 1.0 到 Web 3.0 的过程是互联网商业变革的演变过程。

Web 1.0 是指互联网平台单方面向用户提供信息，用户只能被动接收，无权对信息进行互动、修改，也被称为第一代互联网。这个阶段的最大特点是信息数字化、互联网化，诞生了雅虎、新浪、搜狐、网易等传统的门户网站，平台掌握了信息的全部主导权。

Web 2.0 则是指自媒体时代，用户从被动接收信息发展到主动发布信息、创造内容，享有信息发布、修改的权利，也被称为第二代互联网。这个阶段最大的特点是产生了交互的功能，诞生了亚马逊、Twitter、Facebook、微博、头条、淘宝、京东等大量的可读可写的自媒体、商业购物网站和若干社区交流平台。

Web 3.0 则发生了一次重大的互联网变革，若干用户发布的大量信息、巨大流量所产生的商业价值，由平台独家所有变为用户所有，而且去中心化，也被称为第三代互联网。这个阶段的最大特点是内容得到确权，用户产生收益，区块链等技术广泛应用到平台上。内容及数据归属于用户本身，记录在区块链上，目的是确保价值回归到用户手中。

Web 3.0 试图通过去中心化的网络重构，实现互联网价值，变革互联网与开发者、用户之间的生产协作关系。

Web 3.0 这个阶段，引入了一些新的技术，如区块链等，使数据的商业化价值得到提升。2014 年，以太坊联合创始人和波尔卡圆点的创建者第一次公开提出了 Web 3.0 的概念。他们认为，Web 3.0 最特别的就是，用户所创造的数字内容，所有权和控制权都归属于用户，用户所创造的价值可以由用户自主选择与他人签订协议进行分配。而当前，我们正处于从 Web 2.0 至 Web 3.0 过渡的阶段。也有观点认为，进入 Web 3.0 就是真正进入元宇宙时代。

总体来看，Web 1.0 体现的是平台单方面传播信息的功能；Web 2.0 体现的是交互的功能，用户与平台、用户与用户之间产生互动；而 Web 3.0 体现的是去中心化、用户价值、数据确权。

互联网 3.0

互联网 3.0 这个说法是我在研究过程中逐步总结和发现的，从互联网的展现形式和商业模式来看，互联网 1.0 到互联网 3.0 这个阶段，从不同维度阐释了互联网发展经历的过程。

20 世纪 90 年代，互联网进入中国，并得到快速普及，先后诞生了搜狐、新浪、网易三大门户网站。这个阶段往往被称为互联网 1.0 时代，特点是用户只能单方面阅读文字信息，功能单一，内容简单，版面密密麻麻的文字，显得十分拥挤。

随着 3G、4G 技术的完善和大面积应用，互联网开始发生显著变化，人们获取信息的方式也逐渐多元化，网站广泛使用高清大图片，并且下载速度加快，诞生了微博等自媒体和淘宝、京东等大型购物网站，用户具有阅读和交互的功能。这个阶段被称为互联网 2.0 时代，特点是上网速度明显加快以后，自媒体和购物网站开始出现爆发式增长。

随着 5G 技术的全面推广，网络变得更为流畅，互联网和智能手机全面普及，诞生了头条、抖音等若干完全由用户提供信息和内容的社交流媒体，用户成为平台的主角，成为平台内容的提供者，互联网进入 3.0 时代。

从互联网 1.0 到互联网 3.0，也可以概括为互联网发展的三个阶段：平台单方面提供信息为第一代互联网；平台具有交互功能为第二代互联网；平台的信息全部由用户提供，自媒体、流媒体爆发式增长，则为第三代互联网。

一种观点认为，第一代互联网是 PC 端的普及，第二代互联网是移动端的普及，第三代互联网则是元宇宙的普及。

另一种观点认为，第一代互联网主要是以文字信息为主，第二代互联网主要是以图片为主，第三代互联网主要是以视频为主，第四代互联网主要是以虚拟现实，即元宇宙为主。

随着量子通信、6G 通信技术的出现，未来网络将变得更快、更宽，互联网将从当前的二维结构转变为三维、四维甚至多维结构，实现一次全面的转型升级，我们将迎来互联网 3.0 时代，即元宇宙时代。

互联网从 1.0 到 3.0，是按照互联网的功能变化来划分的。大多数政府网站、企业网站、商务网站还停留在互联网 1.0 到互联网 2.0 阶段。政府网站有其特殊性，以发布官方权威政策信息为主，并有少量网友留言互动的功能。有些政府职能部门的网站则完全具有互联网 2.0 阶段的全部功能，比如网上交纳水电气费、网上办理电子证件等。具备互联网 3.0 属性的主要是社交平台和一些商业网站。

而 Web 1.0、Web 2.0、Web 3.0 则是从用户权益的变化来划分的，体现了用户身份的变化过程，从被动的信息接收者，到参与者，到数据价值的拥有者。

三代互联网的划分和标志

关于互联网不同阶段的划分，有一个观点认为，第一代互联网是 PC 时代，就是利用宽带网络接入计算机，实现上网功能。这个阶段的前期是拨号上网。

第二代互联网阶段，即移动互联网时代。一是智能手机的快速普及，以及网络内容的不断创新，改变了我们的生活方式。我们可以通过手机端及时收取邮件、查阅信息、网上即时办公、订机票、买股票等。不得不承认，今天，我们已经切身感受到互联网对我们生产生活的巨大变革。出门在外，有个手机就可以畅通无阻，数字证件、数字钱包都在手机端展现。2009 年，英国沃达丰董事长庞约翰跟我说，10 年后我们通过手机可以实现购物支付、电子钱包等很多功能的时候，我还一头雾水，不知道手机怎么这么厉害，这些功能如何实现。原来，手机只是我们的一个应用终端，厉害的并不是手机本身，而是通过互联网手段，通过数字化、信息化的结合，把众多功能赋予手机来实现，这就是移动互联网时代带给我们的显著改变。二是源于 Wi-Fi 技术的诞生与普及，城市公共空间、酒店、办公楼宇、电影院、咖啡吧、购物商场、家庭、工厂车间，几乎所有地方都可以实现免费的 Wi-Fi 无缝连接，加速了网络的快速普及；截至 2022 年 6 月，我国已经安装 5G 基站超过 180 多万座，占全球的 60%；已经有超过 12 亿人拥有智能手机，是全球智能手机拥有量和使用量最多的国家。智能手机催生了移动互联网功能和内容的不断创新，而创新的内容反过来又推动了移动互联网的技术进步，两者是相辅相成的关系。三是 5G 技术的普及，使上网速度更快、上网更为方便，大量的 5G+工业、5G+医疗、5G+商业、5G+矿山、5G+教育、5G+农业等若干应用场景和应用案例开始涌现，并得到推广。

当前，我们处于第二代互联网向第三代互联网的过渡阶段。而这个阶段，乐观一点儿需要 5～10 年的时间。大家公认的第三代互联网的核心标志是，互联网将从传统的二维结构演变为三维、四维，甚至多维结构。

不仅仅是时空的变化，互联网将实现新的升级，我们将重新设计互联网和认识互联网，我们的生产方式和生活方式将发生根本性的改变。

第一代互联网催生了雅虎，这是互联网最早的案例。这个阶段，我国诞生了搜狐、新浪、网易、腾讯门户网站和百度。这几家企业都非常成功，也赚得盆满钵满。但是在第二代互联网时代，搜狐、网易、百度、腾讯等互联网巨头被认为错失了移动互联网商机，抖音（头条）的崛起，远远超越了传统互联网企业，并引领了自媒体的深刻变革。那么，第三代互联网时代，谁将崛起？我们不难发现，几乎所有的互联网企业都参与了这场“豪赌”，提前布局元宇宙赛道。腾讯在游戏娱乐领域利用元宇宙继续加码，阿里巴巴、百度、京东、腾讯等企业都布局了数字藏品、区块链，致力打造文化 IP。字节跳动（抖音）则收购了国内 VR 龙头企业 Pico，布局元宇宙硬件和算力。网易布局了元宇宙游戏、文旅、数字藏品。阿里巴巴还布局了算法算力。

Web 3.0、互联网 3.0 与元宇宙

无论从 Web 1.0 到 Web 3.0，还是从互联网 1.0 到互联网 3.0，都从不同视角印证了互联网的几次重大变化。那么，Web 3.0 和互联网 3.0 与元宇宙究竟是什么关系？

Web 3.0 体现的是用户价值、数据确权，用户是内容的提供者、所有者，是去中心化的，内容是产品，可以产生价值和效益；而互联网 3.0 体现的是互联网功能的变革，互联网技术已经从二维空间发展到三维、四维，甚至多维空间。

Web 3.0 和互联网 3.0 从不同纬度描绘了元宇宙的不同特点。从中可以看出，区块链技术得到了广泛应用，元宇宙具有去中心化的特点。用户是元宇宙的主体，是内容的创造者和所有者。而元宇宙是多维空间结构，不是单一的、平面的。

元宇宙既具有 Web 3.0 的全部特点，也满足互联网 3.0 的所有技术要求。

从改变互联网的空间结构开始

现有的互联网呈现给我们的是二维空间和平面的网络结构，现实世界是立体的、多维结构的，现有的互联网是通过二维空间与现实世界结合来辅助和支撑我们工作与生活的重要工具。

互联网是一个大通道、大平台，是不断演化和变革的中坚力量。元宇宙是互联网转型升级的产物，具备互联网所有的特性和功能。为了适应信息技术的发展，在元宇宙时代，互联网功能将更加多样化，在人工智能、人机交互等新技术的支撑下，将变得更加贴心。

元宇宙时代，最先改造的就是互联网空间、内容、组织结构。

第五章

元宇宙关键词

数字人、数字孪生在元宇宙的世界里将无处不在，几乎每个项目每时每刻都有大量的需求。任何场景都离不开数字孪生。

真正的数字人基本上包含虚拟形象+语音交互（TTS、ASR）+自然语言理解（NLU）+深度学习等技术。

人机交互产业链上游是感知层，主要通过语音交互、体感交互等方式传达信息和指令；产业链中游是技术层，即人机交互方式本质上是一个闭环的模式识别系统，包括感知信息的获取、识别、理解、表达和反馈等环节。

算力、算法、数据并称为数字经济的三大支柱。无论人工智能、互联网，还是元宇宙，都离不开这三大要素。

算力、算法是衡量一个国家或企业核心竞争力的重要标志。

数字孪生

简单理解，“数字孪生”就是“数字双胞胎”“一模一样”的意思。在元宇宙空间，将虚拟的场景、产品与现实世界中同比例展现，变成数字分身。数字孪生是指在数字世界中建立与现实世界性能和结构、外观完全一致，进行实时仿真的数据模型。利用安装在现实系统上的高精密传感器数据作为仿真模型的数据来源，实现虚拟世界与现实世界同步。

数字孪生作为数字经济的一项新兴技术，在诸多行业具有广泛应用。在医疗部门采用数字孪生技术，可以为病人建立其数字孪生病例，借此可以了解患者的健康状况，并制订治疗方案；在工业领域利用数字孪生技术，可以加强生产现场管控。

宝马集团通过英伟达的 Omniverse 平台在计算机中创建数字孪生工厂，并在数字孪生工厂中进行生产线配置、仓储管理等实验。爱立信公司在计算机中创建了一个大规模的数字孪生城市，来准确模拟 5G 基站与环境之间的相互作用，以便令 5G 信号达到最佳传输性能和覆盖率。

数字孪生的概念可追溯到 1970 年美国国家航空航天局（NASA）的阿波罗项目。NASA 建设了一套完整的、高水准的地面半物理仿真系统，用于培训宇航员和控制人员，包括模拟多种故障场景的处理。这一仿真系统包含各式各样功能的模拟器，由联网的多台计算机控制。指令舱模拟器用了四台计算机，登月舱模拟器用了三台计算机。在模拟培训过程中，唯一真实的东西是乘员、座舱和任务控制台，其他所有的一切，都是由经验丰富的技术人员利用计算机、数学公式仿真创造出来的。NASA 在其特定的工程实践中，首先认识到了建设物理孪生的重要性。随着计算机、网络技术的高速发展，特别是软件技术与仿真技术的高速发展，各种物理孪生对象，从功能上、行为上完全可以用计算机系统进行仿真替代，在此基础上，很自然地提出了数字孪生的概念。

2003 年，美国密歇根大学的迈克尔·格里夫斯教授针对设备全生命周期管理，提出了物理实体的虚拟数字表达，并提出了三维模型，但当时并没有用数字孪生这个术语。

2012 年，NASA 在其发布的技术路线图的 Simulation-Based Systems Engineering 中，首次提出了数字孪生（Digital Twins）的概念。

2012 年，美国国家标准与技术研究院提出了 MBD（基于模型的定义）和 MBE（基于模型的企业）的概念，其核心是要创建企业和产品的数字模型，数字模型的仿真分析要贯穿产品设计、设计仿真、加工工艺仿真、生产过程仿真、产品的维修维护等整个产品的生命周期。MBD 和 MBE 的概念将数字孪生的内涵扩展到了整个产品的生产制造的全流程。

2015 年以来，西门子、GE 等公司将数字孪生应用到工业界，开发了工业系统、医疗系统的数字孪生。

2017—2019 年，Gartner 连续三年将数字孪生列入十大战略性技术。数字孪生引起广泛关注和高度重视，开始在各行各业获得应用。

数字孪生的技术体系是非常庞大的。感知、计算和建模过程，涵盖了感知控制、数据集成、模型构建、模型互操作、业务集成、人机交互等诸多技术领域。

数字人、数字孪生在元宇宙的世界里将无处不在，几乎每个项目每时每刻都有大量的需求。任何场景都离不开数字孪生。

数字人

数字人在虚拟的世界里几乎是神一般的存在，其与数字孪生连体，在元宇宙的世界里形影不离。

什么是数字人？简单地说，数字人就是虚拟人、模仿人、假的真人。

百度百科认为，“数字人”是信息科学与生命科学融合的产物，是利用信息科学的方法对人体在不同水平的形态和功能进行虚拟仿真。包括四个交叉重叠的发展阶段——可视人、物理人、生理人、智能人，最终建立多学科和多层次的数字模型并达到对人体从微观到宏观的精确模拟。

广义的数字人是指数字技术在人体解剖、物理、生理及智能各个层次、各个阶段的渗透。

我们每个人在元宇宙空间里都有一个或若干个数字人替身代表自己，参加各种活动，出席各种论坛。有时候是虚拟化身，以卡通为主，与真实人要求并不一致。这个时候的数字人只是一个符号而已。就好比互联网的世界里，我们很多人都喜欢隐身，不希望让别人知道我们是谁。很多想吸引粉丝或成为网红的人就不一样，就需要真实的图像，甚至真实的名字。

每个国家对互联网的管理也不一样，是否必须实名制的要求也不一样。记得在韩国上网，必须是实名制。我国在这一方面也在逐步规范，很多网站都要求实名认证，用真实的手机或身份证注册。

今后在元宇宙空间，是否需要实名制，是否只是化身还是真实人，还不好说。估计也会与互联网的情况一样，有些空间需要实名制认证，有些可能只需要一个化身就可以。

那么，现在的数字人是什么情况呢？

我们经常看到数字人主播、数字人直播带货，让人感到怪怪的，一是形象不真实，过于卡通，有些虽然接近真实，但差距还是太大；二是反应迟钝，口形的一致性、动作的协调性、表情的丰富性和交互灵敏度都还存在较大差距。围绕这个问题，我和同行企业交流过，他们告诉我，要做一个非常逼真的数字人开发时间一般需要半年，而且成本需要四五十万元，投资成本很高。

当然，我们的技术也是一个不可回避的因素。

按照人的外观做一个等身的数字人出来并不难，可以对真实人实施三维扫描、数字抓取、仿真建模、3D 渲染、动态捕捉，仿真程度非常高。但是，要把脸部肌肉、表情、动作协调起来就非常不容易了。脸部的若干神经元的反应是非常快的，这就需要人工智能的配合、人机交互的支撑。现阶段，无论国内还是国外，还无法做出与真人几乎一模一样、互动能力接近真人水平的数字人。不过，这些年我们在人工智能领域取得了不小的进步，特别是语音识别和图像识别技术被突破以后，在人工智能、机器人、无人驾驶等领域得到了广泛应用。

科学家们普遍认为，真正的数字人基本上包含虚拟形象+语音交互（TTS、ASR）+自然语言理解（NLU）+深度学习等技术。

1982 年，世界上首位虚拟数字人歌姬林明美诞生，开创了虚拟人时代。

随着技术逐年突破，制作过程亦得到有效简化，从最早的手工绘制到现在的CG、人工智能合成。

在虚拟数字人产业链中，基础层提供软/硬件的支撑；平台层为制作及开发提供技术；应用层为应用领域提供解决方案，赋能各领域发展。虚拟数字人产业进入门槛高，差异化显著，受众群体不断拓展，因而虚拟数字人价值凸显，应用领域不断深化，未来有望加速商业化进程。

2001 年，美国科学家联盟（FAS）将人类基因组计划（Human Genome Project，HGP）、可视人计划（Visible Human Project，VHP）、虚拟人计划（Virtual Human Project，VHP）、人类脑计划（Human Brain Project，BP）概括为数字人计划（Digital Human Project，DHP）。

估计两三年后，我们通过手机摄像头对自己进行全身或半身扫描，通过手机端或 PC 端图像处理软件的计算处理，几十秒时间就可以生成若干个数字人，供自己挑选。如果要参与到游戏、会议论坛或工作中，我们只需要进入元宇宙空间就可以实现。

人机交互

人机交互，简单理解就是人与机器（计算机）之间能够沟通、对话，是人工智能最核心的技术。计算机能够听懂我们的指令，我们也能够使用机器语言，与计算机保持及时互动。

在元宇宙的世界里，人机交互需要发展新的交互装置，包括地理空间跟踪技术，以及应用于可穿戴式计算机、物联网技术、隐身技术、浸入式的动作识别技术、触觉交互技术、语音识别技术、眼动跟踪技术等。

人机交互技术是用户界面研究中发展得最快的领域之一。美国将人机界面列为信息技术中与软件和计算机并列的六项关键技术之一，并称其对计算机工业有着突出的重要性。

在美国国防关键技术中，人机界面不仅是软件技术中的重要内容之一，还是与计算机和软件技术并列的 11 项关键技术之一。欧共体的欧洲信息技术研究与发展战略计划（ESPRIT）还专门设立了用户界面技术项目，其中包括多通道人机交互界面。

传感技术和智能识别技术作为信息非失真采集和识别分析的重要技术，是实现人机交互控制方式智能化的前提和基础。

人机交互产业链上游是感知层，主要通过语音交互、体感交互等方式传达信息和指令；产业链中游是技术层，即人机交互方式本质上是一个闭环的模式识别系统，包括感知信息的获取、识别、理解、表达和反馈等环节，其中感知信息的获取和识别是核心技术的关键所在。产业链下游为应用层，是指人机交互应用于各个领域。

区块链

区块链是用分布式数据库识别、传播和记载数据的智能化、模块化网络手段。区块链的特点是去中心化、公开透明、不可篡改、匿名性、真实性。因此，区块链的应用，也是基于这些特点来展开的。

区块链技术广泛应用在加密货币等领域。最早是从记账的角度，发现一个人保管账目，经常会出现很多问题。为了数据不被篡改，也不会被遗忘，确保数据安全，就采取了多人同时记账的模式，每条记账明细记录都构成一个区块，这些信息记录在网络中并分发给每个人，他们可以读取和追加，但不能修改。记录的账目越来越多，区块也就越来越多，链接起来就形成了区块链。

被认为最早发明和使用区块链的是网上署名“中本聪”的人。对于这个人是真的还是假的，由于过于神秘，无从验证。

2008 年，中本聪在《比特币白皮书》中提出“区块链”的概念，并在 2009 年创立了比特币社会网络，开发出第一个区块，即“创世区块”。

区块链共享价值体系首先被众多的加密货币效仿，并在工作量证明和算法上进行了改进，如采用权益证明和 Scrypt 算法。随后，区块链生态系统在全球不断进化。人们正在利用这一共享价值体系，在各行各业开发去中心化的计算机程序，在全球各地构建去中心化的自主组织和去中心化的自主社区。

那么，除加密货币外，区块链还有哪些用途？Gartner 预测，到 2030 年，制造业将占区块链市场的 30%，其次是通信业，占 14%。未来 10～15 年，区块链将成为许多行业的基础设施层，并且高达 60%将是金融服务以外的领域。

对此我们感受最深刻的可能是互联网媒体。Web 1.0 时代，网络平台提供信息，而到了 Web 2.0 时代，用户提供信息。头条、抖音、快手、微博等网络平台，采取去中心化的区块链模式，用户是平台内容的创造者、提供者，也是商业利益的贡献者之一。

区块链的去中心化、不可篡改和可追溯性，可以让各参与主体之间建立信任，推进数据交易的可持续大幅增长。

数据所有权可以得到确认，精细化的授权范围可以规范数据的使用。同时，数据从采集到分发的每一步都可以记录在区块链上，使得数据源可追溯、可查询，进而对数据源进行约束，加强数据安全保障。基于区块链的去中心化数据交易平台，可以形成更大规模的全球化数据交易场景。

区块链发票是国内区块链技术最早落地的应用之一。税务部门推出区块链电子发票“税链”平台，税务部门、开票方、受票方通过独一无二的数字身份加入“税链”网络，真正实现交易即开票，开票即报销，报销即入账的目的，大幅降低了税收征管成本，有效解决了数据篡改、一票多报、偷税漏税等问题。

区块链通过哈希时间戳证明某个文件或数字内容在特定时间的存在，加之其公开、不可篡改、可溯源等特性为司法鉴证、身份证明、产权保护、防伪溯源等提供了完美解决方案。

在知识产权领域，通过区块链技术的数字签名和链上存证可以对文字、图片、音视频等进行确权，通过智能合约创建执行交易，让创作者重掌定价权，实时保全数据形成证据链，同时覆盖确权、交易和维权三大场景。

当下，风靡全球的 NFT、国内的数字藏品就是采用了区块链技术对文化艺术作品确权交易，一方面加强了对文化艺术作品的知识产权保护，另一方面让这些文化艺术作品产生必要的商业价值。

在防伪验证溯源方面，区块链技术可以被广泛应用于食品医药、农产品、酒类、食品、奢侈品等各个领域。

区块链在政府管理方面有很多用武之地。分布式的技术可以让政府部门集中到一个链上，所有办事流程交付智能合约，办事人只要在一个部门通过身份认证及电子签章，智能合约就可以自动处理并流转，顺序完成后续所有审批和签章。

在支付方面，区块链可以为交易双方直接进行端到端对接，排除中间商，在提高速度和降低交易成本方面能得到大幅的改善，降低支付成本。尤其是在跨境支付方面，可为用户提供全球范围的跨境、任意币种的实时支付清算结算系统服务，跨境支付将会变得便捷和低廉。据悉，国际区块链联盟 R3CEV 联合以太坊、微软共同研发了一套基于区块链技术的商业票据交易系统，包括高盛、摩根大通、瑞士联合银行、巴克莱银行等著名国际金融机构加入了试用，并对票据交易、票据签发、票据赎回等功能进行了公开测试。

与现有电子票据体系的技术支撑架构完全不同，该种类数字票据可在具备目前电子票据的所有功能和优点的基础上，进一步融合区块链技术的优势，成为一种更安全、更智能、更便捷的票据形态。

在证券交易系统，区块链技术也得到了广泛应用。纳斯达克证券交易所已正式上线了 FLinq 区块链私募证券交易平台，可以为使用者提供管理估值的仪表盘、权益变化时间轴示意图、投资者个人股权证明等功能，使发行公司和投资者能更好地跟踪和管理证券信息。纽交所、澳洲交易所、韩国交易所也在积极推进区块链技术的探索与实践。

区块链技术还在发展过程中，还有不少地方需要完善。但是，区块链技术的应用才刚刚开始，未来在每个行业都可能发现区块链的身影。

区块链的技术和应用还有许多值得探索的地方。

数字藏品、NFT

讨论数字藏品之前，我们先了解一下 NFT。

NFT 的全称是“Non-Fungible Token”，意指非同质化代币。

“非同质化代币”读起来有点拗口，意思是指“唯一性的价值确权”，也就是说这件艺术品、文化作品无论在现实生活中，还是在元宇宙空间、互联网平台，都只有一个数字化身，不可复制，不能在区块链上生成一件一模一样的数字作品。

NFT 数字作品存储在区块链上，有唯一的身份编码，这个编码没办法篡改。“代币”表明其具有金融属性，是有价码的。

NFT 其实是一种存储在区块链上的数据单位，是虚拟商品所有权的电子凭证，可在区块链上被完整记录和追踪。NFT 赋予虚拟商品独一无二的身份证明，买家将虚拟商品连同身份编码一起买下，使虚拟商品可被溯源、收藏、交易。

前段时间，流传一个经典案例：一件艺术作品以 9.9 元的超低价格发行 1 万份。大概不到 1 小时就被疯狂抢购完。每个 NFT 都有自己独特的编码，编码具有唯一性，可追溯。同行朋友说，这就是 NFT 的号召力。在数字世界里，这件艺术作品以 9.9 万元成交。扣除交易费用，也还有七八万元。但是，在现实生活中这件作品可能也就卖一两万元。

NFT 对文化艺术作品的知识产权保护和确权意义重大。NFT 具有两大特点：一是建立在公有链上，二是利用虚拟货币结算。由于公有链对我们来讲存在安全性隐患，并且使用英文，而国内很多地方根本登录不了公有链；另外，国内不准许虚拟货币交易。于是悄然产生了数字藏品的商业模式，属民间自发的行为。数字藏品建立在联盟链上，使用微信或支付宝交易支付。

《中国经济网》透露，目前我国数字藏品发行平台的数量超过 1000 家，几乎每天都会有 10 家新的平台出现。

2021 年，我国共计发售数字藏品数量约为 456 万份，总发行价值约为 1.5 亿元。据测算，2026 年我国数字藏品市场规模将达到 300 亿元。截至 2022 年 5 月，我国已有至少 20 家上市公司推出了数字藏品交易平台。不仅如此，我国还有 6 家媒体发布了超过 40 万份数字藏品。

在国外，人人都可以创造自己的 NFT。NFT 本身也是依托于公链创造，用户可以随时追根溯源，查到该产品每一次交易的过程。由于打造一款数字藏品门槛很低，没有标准，各发行渠道使用的联盟链没有打通，导致数字藏品市场在无序扩张下产生诸多乱象，如定价规则不透明、数字藏品版权不清；加之国内数字藏品上的大多数是联盟链，并限制在二级市场交易，用户仅拥有收藏、转赠等权利，限制了我国数字藏品的健康发展。一些专家认为，无论是产品的实际归属权，还是产品的主要创造者，数字藏品和 NFT 在功能、概念、价值上还有不少差距。

数字藏品可能很快将迎来“寒冬”，一是行业混乱、标准缺乏，并且因其具有金融属性，行业监管将更加严格；二是缺乏流通，用户易手困难，不能实现增值，市场需求减缓；三是缺乏活力，由于局限在联盟链交易，发展空间受限；四是定价机制缺失，价格虚高，价格与价值不对等。

3D 渲染、捏脸

3D 渲染、云渲染是计算机图形学领域的专门术语，在游戏娱乐、数字人、虚拟人制作过程中，以及虚拟场景、交互式世界和 VRML 中被广泛使用。

渲染的目的，显然是使其达到更逼真、更理想的效果。计算机处理能力的快速提升对于实时渲染（包括 HDR 渲染等技术）具有越来越高的真实感。

实时渲染通常是多边形的，并由计算机的 GPU 辅助。渲染软件可以模拟镜头光晕、景深或运动模糊等视觉效果，可以为场景增添真实感。在游戏娱乐领域，视觉和体验是很重要的。

3D 渲染是许多行业的基本技术，在设计和建筑中，渲染允许有创造力的人以清晰透明的方式传达他们的想法。渲染让他们有机会在建造或制造之前评估他们的建议、试验材料、进行研究，并将设计融入现实世界。在元宇宙的世界里，渲染是必不可少的程序和工具，渲染无处不在。

捏脸是最近几年在动漫游戏里反复出现的专业词汇。在元宇宙世界里，有些数字人，特别是虚拟数字人都需要经过捏脸技术处理，使形象变得可爱、夸张、喜庆、好玩等。

可视化

可视化是指利用计算机图形学和图像处理技术，将数据转换成图形或图像在屏幕上显示出来，并进行交互处理的理论、方法和技术。可视化涉及计算机图形学、图像处理、计算机视觉、计算机辅助设计等多个领域。虚拟现实技术、数字仿真技术、工业互联网、物联网是与图形图像的可视化技术融合发展的。

1987 年，美国科学基金会创办的《科学计算中的视觉化》杂志把可视化首次作为一种组织性的次领域提出来，认为可视化是一种能够处理大量科学数据集的工具，能够提高科学家们从数据中发现现象的能力。

虚拟现实技术能使人们进入三维的、多媒体的虚拟世界，人们可以游历远古时代的城堡，也可以遨游浩瀚的太空。所有这些都依赖计算机图形学、计算机可视化技术的发展。可视化仿真系统具有交互形式丰富、仿真效果好、开发流程快、用户真实感强，易于掌握等优点。

“百度百科”记载：可视化技术使人能够在三维图形世界中直接对具有

形体的信息进行操作，和计算机直接交流。这种技术已经把人和机器的力量以一种直觉而自然的方式加以统一，这种革命性的变化无疑将极大地提高人们的工作效率。可视化技术赋予人们一种仿真的、三维的并且具有实时交互的能力，这样人们可以在三维图形世界中用以前不可想象的手段来获取信息或发挥自己创造性的思维。

人们对计算机可视化技术的研究已经历了一个很长的历程，而且形成了许多可视化工具。随着计算机技术的继续发展，GL 已经进一步发展成为 OpenGL，OpenGL 已被认为是高性能图形和交互式视景处理的标准，包括 ATT 公司 UNIX 软件实验室、IBM 公司、DEC 公司、SUN 公司、HP 公司、Microsoft 公司和 SGI 公司在内的几家在计算机市场占领导地位的大公司都采用了 OpenGL 图形标准。

虚拟仿真、虚拟现实

虚拟仿真、虚拟现实、虚拟技术，都具有同一个含意，就是用一个系统模仿另一个真实系统的技术。虚拟仿真系统实际上是一种可创建和体验虚拟世界的计算机系统。

在虚拟世界，用户可借助视觉、听觉及触觉等多种传感通道与虚拟世界进行自然的交互。虚拟仿真以仿真的方式给用户创造一个实时反映实体对象变化与相互作用的三维虚拟世界，并通过头盔显示器（HMD）、数据手套等辅助传感设备，给用户提供一个观测与该虚拟世界交互的三维界面，使用户可直接参与并探索仿真对象在所处环境中的作用与变化，产生沉浸感。

虚拟现实技术是计算机技术、计算机图形学、计算机视觉、视觉生理学、视觉心理学、仿真技术、微电子技术、多媒体技术、信息技术、立体显示技术、传感与测量技术、软件工程、语音识别与合成技术、人机接口技术、网络技术及人工智能技术等多种高新技术融合的产物。其逼真性和实时交互性为系统仿真技术提供了有力的支撑。

算力、算法

算力、算法、数据并称为数字经济的三大支柱。无论人工智能、互联网，还是元宇宙，都离不开这三大要素。算力、算法是衡量一个国家或企业核心竞争力的重要标志。

算力，即计算能力、数据的处理能力，其广泛存在于计算机、手机、PC等硬件设备中，如果没有算力，软硬件都无法正常使用。算力分为算力环境、算力规模和算力应用。

算力环境是指网络环境和算力投入等，它为算力的发展提供坚实支撑。在工业数字孪生领域，准确是非常重要的，这意味着我们需要支持更复杂的计算环境。

算力规模包含基础算力、智能算力和超算能力，这些又分别提供基础通用计算、人工智能计算和科学工程计算。

算力应用主要包括消费应用和行业应用。

在互联网时代，大量的数据、图像需要及时计算和处理；元宇宙时代则对算力算法提出了更高的要求，大量的视频、大量的图片、大量虚拟的场景应用，对算力算法将是非常严酷的考验。

在元宇宙的竞争中，算力算法这些基础的底层技术是成功与否的关键。英特尔、谷歌、亚马逊、微软、IBM 等互联网巨头，一直占据全球算力的前五位。它们在算力上的投资都是巨大的，每年投入的资金达几千亿美元，用于布局大规模的数据中心，支撑互联网技术加速向电商、服务业、移动支付、工业互联网等领域拓展。

随着 5G 覆盖率的不断提升，我国对算力的投资也在不断增加，截至 2020 年，我国 IT 支出的规模是 2 万亿元；2021 年 IT 支出达到 3.3 万亿元。2020 年直接带动经济总产出 1.7 万亿元，间接带动经济总产出 6.3 万亿元。即在算力中每投入 1 元，会带动 3～4 元的经济产出。我国消费和应用算力的需求在迅猛增长，互联网对于算力的需求占整体算力的 50%，电信和金融领域对算力的应用处于行业领先水平。下一步元宇宙对算力的需求将呈现几何倍数增长。

“算法”就是指“计算方法”，算法与算力是紧密结合的计算机工具。

第六章

元宇宙生态

美国元宇宙的生态就是美国各大龙头企业提前“卡位”，并向全球推广他们的模式、技术、产品和规则。

元宇宙一方面需要网络空间，另一方面需要场景和内容创造，背后的底层逻辑是硬件和软件支撑。

商业模式的创新是建立在大量应用的基础之上的。

在应用推广的同时，我们可以更精准地把握用户需求，培养用户习惯，挖掘用户潜力。

元宇宙商业模式

简单地说，好的商业模式是快速搭建供应链体系，把产品生产出来，并快速销售出去，形成良性循环。那么，元宇宙不只是一种产品，而是互联网新的商业模式，其又将如何把产品生产出来并得到社会的认可呢？

今天，我们在这里讨论元宇宙的商业模式或者推广元宇宙，感觉比较困难。原因就在于我们目前还看不见元宇宙产品，就好比20世纪90年代初期，你给大家讲互联网有多么重要，如何布局互联网一样。我们经历过互联网起步发展这个阶段以后，对互联网发展的历程记忆犹新。那时候，绝大多数人对互联网不信任，一是觉得互联网没有用，不能当饭吃；二是认为互联网上面传播的都是假消息；三是认为互联网上面卖的东西都是假货；四是害怕使用互联网就泄露了个人隐私；五是担心互联网内容不健康，容易学坏；六是认为互联网不能替代我们的工作……

有各种担忧和恐惧，是可以理解的。过去几千年，人类从来没有把自己的信任和隐私交给一个看不见，也不认识，还从未谋面的互联网。好在政府坚定推广互联网，过去从中央到地方，各级政府都有信息化办公室，通过专门推进政府上网、企业上网，才得以实现各级政府全面使用互联网（因特网），实现无纸化办公。这都是政府强推的成果，要是仅靠企业或个人意愿，我国互联网的普及率可能还不会超过一半。尽管如此，今天我们大力推进的数字经济重心还是上网工程，只不过已经进入到深水区，将网络化、信息化与自动化、智能化结合得更加紧密，目前数字产业这张网正在全国各领域、各地方形成。

互联网得以快速普及，政府发挥了主导作用，这是我们的国情，也是我们的优势。那么，今天的元宇宙呢？政府同样不会缺席。一旦缺席，我们反而不习惯了，反而觉得政府不重视这个产业。在美国，凡是好的东西出来以后，企业自然就会使用，而且美国企业的视野是看全球。我国企业主要是看全国，主要体现在：一是对国外市场和规则不熟悉，不敢看得太远；二是国内市场足够大，14亿人口的大市场，随便一个零头都可以赚得盆满钵满；三是美国企业的自主创新能力很强，已经习惯了国际化、市场化，并且熟悉国际贸易规则，这是它们天生的优势。丛林法则、市场规则都是他们制定的。

美国元宇宙的生态就是美国各大龙头企业提前“卡位”，并向全球推广它们的模式、技术、产品和规则。我们本来不想跟随他们起舞，可是发现根本不行。因为原创技术不在我们手里，核心硬件和软件技术不在我们手里，规则和标准也不是我们制定的。

在新科技、新模式面前，我们只有两条路可以选择，要么跟随，要么超越。超越不了，那就跟随吧。其实，实力没有达到之前，跟随也没有什么不好。实力达到了，自然我们后面就会有大批的跟随者，美国也一样会跟在我们后面。长江后浪推前浪，学生超过老师，也不是什么新闻。20 世纪八九十年代，我国的家电、电子产品等领域一直都是东芝、索尼、松下、三洋等日本大企业的天下。经过二三十年的追赶，我们已经超越了他们；如今，我国的高铁已经从全球第二梯队、第三梯队跃居到全球第一梯队；当前，我们的新能源汽车、太阳能电池、大型飞机、大型邮轮等产业也是如此，正处于赶超的路上。再过十年、二十年，我相信我们在芯片等领域也将实现赶超。

对于元宇宙这个产业，我觉得我们一定要主动拥抱，任何技术只有在广泛应用的过程中才能发现其价值，才能发现需要改进和提升的地方。

一是创建更多公共服务平台，将各种元宇宙主题馆建在我们的城市、社区、学校，让大家有更多的机会认识元宇宙，提高元宇宙的科技普及率。

二是创建元宇宙底层核心技术的研发机构，攻克技术难题，尤其是算力算法、存储技术、人机交互技术、区块链技术等。

三是在 VR、AR 等硬件方面敢于打破传统设计思维，不断创新，拓展应用边界，开发出更加方便、轻巧、舒适的可穿戴产品。

四是由浅入深，拓宽应用场景。先从教育培训、文创、文旅入手，打造一系列应用范例，再逐渐渗透到社区生活、医疗健康、建筑装饰、工业生产等领域。

五是深化国际合作，科技无国界，我们要深化对话，积极参与全球分工，融入全球创新体系。

元宇宙一方面需要网络空间，另一方面需要场景和内容创造，背后的底层逻辑是硬件和软件支撑。主题元宇宙需要各种应用空间，依托互联网空间搭建我们的各种主题元宇宙，这是必然趋势。随着应用的不断深入，将带动相关技术资源的整合，形成元宇宙生态。

付费将是一种盈利模式，但不是全部。很多元宇宙平台仍然保留了互联网平台的免费开放模式，可能在一些社交平台和一些专业平台，需要购买门票、购买装备、消费等，以增加业务收入。但是，大多数元宇宙平台将保持免费开放、免费参与、免费获取信息的商业模式。

前段时间，有企业炒作购买元宇宙土地、门店等，把地皮炒高就脱手走人。现阶段，在市场没有做起来之前，在没有流量、没有应用的前提下，这些元宇宙里面的土地、门店、资产可以说一文不值，没有商业价值。如果一个平台、一个产品将来成为元宇宙领域的“王者”，有巨大的流量，那么价值就体现出来了。

提前布局一些应用赛道非常关键，细分行业并发挥各自优势，可能是元宇宙企业需要注意的。一窝蜂地涌向游戏娱乐行业，一窝蜂地涌向数字藏品领域，挣快钱，这些都不利于行业生态建设。任何一个行业竞争到最后还是需要靠实力。实力是什么，是人才，是技术。华为这些年为什么在美国连番多次的打压下屹立不倒？华为基本上拥有全世界顶尖的人才和科研基础，在 5G 领域独占鳌头。如果没有这个实力，可能早就倒下去了。诸如阿里巴巴、腾讯、百度，这几家互联网巨头在基础科研方面的投入也是巨大的，建立了庞大的科研团队，在算力、算法、人工智能等领域的实力可能超过了我们很多“国家队”。

商业模式的创新是建立在大量应用的基础之上的。在应用推广的同时，我们可以更精准地把握用户需求，培养用户习惯，挖掘用户潜力。

元宇宙技术路线

元宇宙究竟应该走一条什么样的技术路线？这是一个很大的命题。传统的思路一是“抄作业”；二是一开始就自主创新，提出自己的理念、思路，搞出一套自己独特的东西引领世界。显然，这两条路线都并不完全适合我们。

众多历史经验证明，作为一个工业化后起国家，在没有完成工业化之前，我们的科研基础、人才实力还远远达不到完全“自搞一套”。在自身落后的情况下，我们要发挥国内市场巨大的优势，选择第三条路，模仿—创新—再创新。任何工业化后起国家之所以最终成功，都是这样走过来的。美国早期学习英国、德国的技术，第一次世界大战和第二次世界大战期间，大量欧洲、以色列、日本的顶尖科学家人才基本上全都去了美国，支撑了美国教育科技的崛起；今天我们学习美国的技术，东盟、非洲学习我们的技术，这是自然规律，也是情理之中的事情。在全球，这种梯度结构一直就客观存在。

互联网起步初期，一批留学生如张朝阳、李彦宏等从美国回到国内创业，创办了搜狐、百度，成为我国互联网的龙头企业。他们早期在美国学习期间，亲历了美国互联网的发展，见识了互联网对社会进步的巨大贡献。他们回来创业的同时，带动了国内互联网的崛起。今天，他们仍然奋斗在互联网的最前端，并正在布局元宇宙。

元宇宙发展路径已经大致清晰，关键看我们如何“卡位”，特别是我们的互联网龙头企业如何在硬件、软件、内容、应用四大领域“下注”发力，走好关键的第一步。

元宇宙生态

要形成一个完整的上下游产业链、供应链体系，现在各个节点都是散的，到处都是“断头路”，没有链接起来。大多数企业都在做重复性的、低水平的开发工作。没有一个主体性的平台把各企业整合起来。

元宇宙生态需要若干公共的服务平台作为支撑。各个要素市场按需集结，形成若干协作关系。这是早期元宇宙产业迫切需要的。

我们主张科学普及、示范推广、人才培养，都是基于起步初期的现实需求出发而提出来的。把需求挖掘出来，把产品开发出来。现在，大的企业开始布局算法算力、存储芯片的开发，底层数据平台的搭建，数据库的建设，VR、AR 硬件的研发；大多数中小企业开始聚焦某个单项产品的开发和设计，如现在做数字人（虚拟人）的企业大概就有 100 多家，包括一些企业专门为游戏娱乐企业提供数字人、3D 渲染、捏脸等技术和产品。

很多过去做动漫、美术、文化艺术品的企业转向文旅元宇宙领域，有些专门做布景、做渲染，有些做数字景点设计，这个产业链正在逐步形成并壮大。

由于虚拟现实技术在我国的推广已经有十多年，建立了完整的虚拟现实教学体系，很多大学、职业院校建立了虚拟现实实验室、虚拟现实教室，培养了很多学生。现在有很多学生都已加入文旅元宇宙、教育元宇宙企业。

第七章

元宇宙应用场景

每一所中小学、职业院校、大学都应该推广元宇宙，物理、化学、地理、数学、语文、历史，以及一些科技知识都需要借助元宇宙技术，以使学生更好地把握未知、掌握新科技。

生活元宇宙可以从社区元宇宙开始，围绕社区生活、购物、物业管理、衣食住行游乐玩来布局，在为我们的生活提供更多便利的同时，也为我们带来更多快乐。

对于很多工业客户而言，数据被“锁在孤岛里”仍然是最大的挑战，企业需要应对更长的供应链，提升生产力，就需要数据的共享和无缝连接。

教育元宇宙

教育元宇宙是依托数字孪生技术、虚拟技术等数字化手段，根据用户的需求构建不同的虚拟场景，为学生营造沉浸式环境，将学习内容数字化、可视化；并在海量学习内容中建构科学的、系统性的学科教育体系，从而帮助学生过滤、筛选信息，实现更加有效的教育。同时，达到引导学生主动参与、分享知识的目的。

教育培训这个领域最适合全面推广使用元宇宙，对赋能传统教学具有重要意义。一是可以改变传统的教学方式，提高学生的动手动脑能力和学习积极性、参与性；二是改变学生的认知方式，把被动接受变成主动思考。

建议我们的中小学率先创建元宇宙课堂，把我们的教学搬到元宇宙中，把专业学习与兴趣爱好、科学普及和动手动脑结合起来。

很多大学和职业院校都有计算机学院、软件学院、信息技术学院，可以实行校内资源整合，在此基础上创建元宇宙学院（元宇宙产业学院），在已有虚拟现实教室的基础上丰富课程内容、提高学生的编程水平，增加有关工业元宇宙、文创文旅元宇宙、教育元宇宙、社区元宇宙等主题元宇宙的内容创造课程，增强学生的动手动脑能力，使其积极参与到元宇宙内容创作中。

每一所中小学、职业院校、大学都适合推广元宇宙，数学、物理、地理、化学、语文、历史，以及一些科技知识都需要借助元宇宙技术，以使学生更好地把握未知、掌握新科技。有条件的地区应率先推广，逐步全面普及。

当前，尽管我们已经有 100 多家企业在推广教育元宇宙。其实，基本上还只是把过去推广虚拟现实的课程和内容换了一个名头，增加了元宇宙的概念，内容和技术还没有跟上。这个也是可以理解的，毕竟元宇宙的产品在全世界还没有出来，大家都是向未来出发。元宇宙建立在虚拟现实的基础之上，随着元宇宙空间、技术、应用的逐步深入，案例将越来越多，课程也会逐渐丰富起来，教育产品也将更加成熟。从日本东京大学开展元宇宙教学来看，也是从一些基础性学科开始的。

工业元宇宙

工业元宇宙看起来容易一些。因为这些年，我们深入推进的数字工厂、数字车间、工业互联网平台建设的普及，为工业元宇宙的推进打下了坚实基础。很多企业从中也得到了实惠，对工业互联网和数字工厂的认识也显著提升。

从技术的层面上来看，实现工业元宇宙好像并不难。有了信息化的基础，由数字孪生、工业互联网、人工智能等新技术所构建起的数字化制造体系已基本成熟，增加可视化、仿真化技术就可以了。但其实，工业元宇宙比教育元宇宙、文旅元宇宙要复杂得多，技术要求更高。

现有的数字化车间，都是用一个个数字符号或数据来标注的，到了元宇宙空间，展现给我们的是实时的车间场景，我们需要更大的带宽、更高的可视化水平、更强大的储存芯片、超高速计算处理能力、高精密传感器等。目前，一方面技术层面还有不少困难需要突破，另一方面还有一个现实问题摆在我们面前：这是一笔不小的投资，能够给企业带来什么？是否有必要进行工业元宇宙改造？过去一个数字化车间改造下来动辄需要投入几千万元甚至上亿元， 如果没有政府的补贴政策，对于大多数传统企业是很难消化的。

关于工业元宇宙能给我们带来哪些改变？简单分析来看，任何新科技对生产力都有促进作用，只是我们短时间还看不清楚。

工业元宇宙是未来工厂的必然趋势，通过在虚拟空间的协同高效运作、模拟运行来指导数字化工厂运转，赋能各个生产环节、车间场景，实现工业生产要素市场的优化， 使企业实现降低成本、提高生产效率、改善工作环境的目的，促进企业高效、协同运转，推动智能制造进一步升级。

2022 年年初，微软对外宣布：继亨氏、波音、世界上最大的酿酒商之一百威英博外，日本川崎重工已成为其工业元宇宙项目的新客户，其将使用微软云计算平台 Microsoft Azure 和混合显示耳机 HoloLens 等微软技术产品，来帮助川崎重工实现生产、维修和加强供应链管理。川崎重工的技术人员表示，在完整的元宇宙世界中，从开发到设计再到测试，所有过程都可以在虚拟环境中执行。在导入微软工业元宇宙系统后，通过 Microsoft Azure 和混合显示耳机 HoloLens，川崎重工的员工能够快速地发现机器人生产线的故障问题，并与专家远程连线沟通，或使用数字孪生技术来模拟现场排除故障。

除了微软，英伟达也瞄向了工业元宇宙。其创始人兼 CEO 黄仁勋认为，创建元宇宙世界将推动下一波人工智能技术的发展，可以让人工智能和机器人技术触及真实世界。今天的互联网是二维的，人工智能在云端，互联网的下一阶段将是三维的，人工智能将连接到物理世界。

2022 年 6 月，西门子与英伟达宣布合作创建工业元宇宙，利用虚拟现实等数字化技术，降低公司工厂的运营成本，缩短新产品的设计周期。

西门子最新推出的开放数字平台 Xcelerator，能够实现工厂和制造业的可视化。基于这一平台，英伟达的元宇宙和人工智能生态系统将能够连接到使用西门子机械、电气、软件、物联网和边缘解决方案构建的全新工业自动化世界，未来有望服务于车企等工业企业，可以说车企是工业元宇宙的重要场景之一。前期，宝马也与英伟达开展虚拟工厂相关合作，宝马将引入英伟达 Omniverse 平台协调 31 座工厂生产，有望将宝马的生产效率提高 30%。

西门子 CEO 博乐仁表示：当西门子的 Xcelerator 连接到英伟达的 Omniverse 时，将使用来自西门子软件和解决方案的丰富数据，实现从边缘到云端连接硬件和软件的实时、沉浸式元宇宙。对于很多工业客户而言，数据被“锁在孤岛里”仍然是最大的挑战，企业需要应对更长的供应链，提升生产力，就需要数据的共享和无缝连接。西门子基于云平台的数字化业务在 2021 年获得了 56 亿欧元的收入，该公司预计其数字业务每年将实现 10%的增长。

生活元宇宙

生活元宇宙可以从社区元宇宙开始，围绕社区生活、购物、物业管理、衣食住行游乐玩来布局，在为我们的生活提供更多便利的同时，也为我们带来更多快乐。

一开始可以以社区、镇街、城市为依托布局，搭建社区平台，在这个平台上创建各种生活场景，匹配各种资源。这个平台一定是开放式平台，要能够与各种应用平台互联互通。20 世纪 90 年代，在互联网起步初期，很多城市创建了很多区域性、专业性的城市互联网平台，但后来都被淘汰了。关键原因是互联网是开放的，要融合，要去中心化。如果始终想控制住这个平台资源，不能打通就只有死路一条。

互联网的发展瞬息万变，想靠会员制等传统商业模式把用户留住，基本上很难。

医疗元宇宙

国内很多做医疗影像的企业过去在推广远程医疗、数字医疗、智慧医疗方面积累了很多经验，开始转向医疗元宇宙。但是，仅仅将这些技术完整呈现和应用到医疗元宇宙，还是不够的。我们来看看国外医疗企业和医院是如何使用和推广医疗元宇宙的。

美国医疗设备公司捷迈邦美发布了其 OptiVu 混合现实解决方案平台，该平台采用 HoloLens 设备和三种应用程序：第一种是利用混合现实（MR）技术制造手术工具，第二种是收集和存储数据来跟踪患者手术前后的进展，第三种是允许临床医生在手术前与患者分享 MR 经验。

康涅狄格大学医疗中心使用 Oculus 技术来培训整形外科住院医生。戴上 Oculus Quest 头戴式 VR 眼镜，患者就可以在三维的视觉中看到进行一系列手术的过程，甚至是在骨折处插入一根针都能看得清清楚楚。Oculus 是一家虚拟现实公司，2014 年被 Facebook 收购。

捷迈邦美目前在美国、欧洲、中东和非洲及澳大利亚试点使用带有远程辅助的 HoloLens。该技术已被用于远程病例覆盖和培训项目，该公司正在开发 HoloLens 上的软件应用，作为治疗前和治疗后数据解决方案的一部分。

阿联酋推出了全球首家元宇宙医院，为患者提供足不出户的医疗服务。这家虚拟医院（UAE）由医疗保健提供商 Thumbay Group 管理，医院向就诊者提供 VR 或 AR 设备，就诊者可以通过设备访问这家医院，从咨询台、门诊到各科室都有相应的医生和医护人员与患者接洽。据介绍，这种就诊形式特别适合长期卧床患者的就诊需求。例如，一名斯里兰卡患者在车祸后瘫痪，失去了运动能力，只有他的大脑还在运作，现在通过 AR 或 VR 技术，他不仅可以在虚拟医院就医，还可以在虚拟世界访问他在斯里兰卡的家，还可以运动，恢复正常状态，这对于他的身心健康和身体恢复都具有重要意义。 Thumbay Group 还计划使用虚拟现实技术和人脸识别摄像头，当患者到达接待处时，他的档案已经打开，取消了出示身份证或保险卡的流程。如果病人去药房，摄像头会自动进行脸部识别，系统会向药剂师提示病人已经来取药。

据悉，在使用 MR 技术的操作中，由于患者大脑的全息图像视图位置是固定的，因此渲染效果视图不会因医生观察位置和角度的不同而受影响。此外，该技术支持多位外科医生佩戴头显设备，同时准确查看同一张全息图像视图，这对加强手术室团队合作具有显著效果。

第八章

国外元宇宙已经领跑

美国的科技和企业，完全自生自灭，从“车库”走向全球。

我国每项技术从研发到孵化再到产业化，从组建研发团队到产业发展，都是政府的各种规划在起主导作用。

美国虽然没有从政府层面构建元宇宙产业生态，但是，所有的“高手”都出自美国，Facebook 占据社区元宇宙首位，高通占据计算芯片首位，微软占据软件和工业元宇宙首位，英伟达占据存储芯片和平台首位，迪斯尼占据文旅元宇宙首位，英特尔占据算力首位，它们都在制定各个板块的细分标准。

韩国元宇宙后劲十足

2020 年年底，韩国科学技术信息通信部公布《沉浸式经济发展策略》，目标是将韩国打造成全球排名前五的 XR（扩展现实）经济国家。2021 年 5 月，在韩国科学技术信息通信部的推动下，韩国元宇宙产业联盟（K-META）成立，该联盟是由韩国虚拟增强现实产业协会（KoVRA）和韩国移动产业联合会（MOIBA）共同发起的、民间主导的元宇宙联盟，SK Telecom、三星电子、Naver 等作为创始成员，旨在通过政府和企业的合作，在民间主导下构建元宇宙生态系统，创建多个现实和虚拟的开放型元宇宙平台。

该联盟目前已集结现代、SK、三星等 200 多家韩国本土企业和科研机构。此外，韩国还发布了“新政 2.0”，将元宇宙与大数据、人工智能、区块链等并列为发展 5G 产业的重点项目。

2022 年，韩国政府从财政预算中拨出 9.3 万亿韩元（约 516 亿元人民币）用于加速培育包括元宇宙在内的新兴产业，重点打造智能旅游生态系统，引领旅游业发展。作为其中的一部分，韩国文旅元宇宙将展现韩国的主要旅游目的地，以及热门电影、电视剧的拍摄地。

首尔是第一个正式加入元宇宙的主要城市，其建立了一个公共服务平台——“首尔元宇宙”，这个公共服务数字平台包括虚拟市政厅、公共集会空间和数字社区服务。首尔市政府公布了到 2026 年的“元宇宙首尔推进基本计划”，包含元宇宙政策的中长期方向和战略，以及元宇宙平台的建立。首尔的元宇宙政策是在“首尔愿景 2030”中提出的“未来情感城市”核心战略的一部分。从 2022 年起，首尔将通过元宇宙平台，在经济、文化、旅游、教育、民诉等所有行政服务领域实施元宇宙生态系统。

江原道计划在 2024 年冬季青奥会开幕前，利用当地的自然环境、文化元素和冬奥会场馆的特点，搭建一个元宇宙平台，为参赛运动员提供相互交流的空间。此外，它还计划通过开展专业人才培养项目，发展元宇宙基地。

三星正在音乐、游戏、时尚等场景中试验 XR，利用这些场景建立 XR 与年轻人的强联系。三星 XR 团队与合作伙伴探索 VR/AR 演唱会直播，让智能手机用户享受实况音乐的沉浸式体验；与 K-pop 歌手 BIBI 合作，在 Galaxy A 上推出 AR 时尚服装系列滤镜；在韩国推出 VR 线上数字商店，为消费者带来互动式购物体验；推出下一代游乐场 Dreamground，以物理结构结合 AR 技术让游客沉浸在数字环境中。2021 年 1 月，三星电子从 WIPO 国际设计体系中获得了 VR 一体机和 VR 控制器的相关专利。

SK 着力打造区块链与元宇宙生态圈，促进客户的相关应用。SK square 宣布对韩国 Korbit 投资约 7544 万美元，成为仅次于 NXC 的最大股东，同时也将收购 Kakao 关系企业 On Mind 的 40%股份，与 SK 集团拥有的元宇宙平台、多媒体平台、移动装置应用程序商店链接，形成创新的元宇宙生态圈。

随着元宇宙市场的不断扩大，三星、LG、SK 等韩国企业纷纷抢占商机，研发应用于元宇宙的相关技术，开发元宇宙相关产品。2021 年 11 月 9 日，三星电子宣布，成功开发出业界首款基于 14 纳米的新一代移动 DRAM（动态随机存取存储器）——LPDDR5X（低功耗双倍数据速率 5X）。除 VR 和 AR 设备用显示器外，三星电子还计划研发超大壁挂显示屏、透明显示窗、镜子显示屏等。LG Display 表示，准备发布面向 AR 设备的全新 OLED 透明显示屏等多种产品。

日本元宇宙悄然布局

2021 年 7 月，日本经济产业省发布了《关于虚拟空间行业未来可能性与课题的调查报告》，归纳总结了日本虚拟空间行业亟须解决的问题，以期能在全球虚拟空间行业中占据主导地位。

2022 年 3 月，日本元宇宙协会（MVJ）作为一般社团法人发起成立，该组织除在科研和融合现实与虚拟世界的 XR 等领域举办跨产、学、研的学习和交流活动外，还将致力于制定面向相关行业的行业标准和产业规划。

东京大学将在 2022 年年底前围绕工程和科学相关领域开设元宇宙课程。该学校强调，在元宇宙中学习将为任何人（不分年龄、性别、社会地位或居住地）提供一个平台，让他们学习工程和信息科学。

日本综合出版社小学馆宣布将推出其元宇宙项目 S-PACE。它将扩展头像功能、通信功能，同时连接功能、支付功能等，力争在 2023 年打造一个独一无二的生态系统。未来，它也将考虑支持 AR/VR 设备和引入 NFT。

2021 年，VR 眼镜在日本的销售量大概为 72 万台，2023 年大概能够突破 114 万台。日本元宇宙协会介绍，软银（softbank）是创造元宇宙空间最大的参与者之一，2017 年筹集了 1000 亿美元；2021 年，软银向 NFT 的游戏平台沙盒投资了 9300 万美元。目前，软银做了很多资金的储备，也在关注相关元宇宙项目的投资。互联网 GREE 已经承诺在未来几年内向元宇宙数据公司提供 100 亿日元资金支持，且成立了一家名为 Related 的公司，这个公司已经发布了一款应用程序，允许用户创建自己定义的化身并在平台上进行直播，该公司还打算建立虚拟世界，这些化身可以在其中互动、举办活动等。

作为日本最大的科技和媒体集团，索尼已在硬件及内容层面布局元宇宙。2022 年 1 月，索尼宣布斥资 36 亿美元收购美国视频游戏开发商 Bungie。当月，索尼发布了下一代虚拟现实头盔（PS VR2）的新细节，以及一款适配 PS VR2 的新游戏。根据索尼的介绍，PS VR2 将配备支持 4K 分辨率的 OLED 显示屏，以及名为 PS VR2 Sense 的新控制器。PS VR2 还将采用眼球追踪技术，并内置一个可以产生触觉振动的马达。索尼表示，眼球追踪功能将为游戏角色提供额外的输入，让玩家以新的、逼真的方式更直观地互动。

2022 年 5 月，索尼对外宣布：将把元宇宙作为新的增长领域大力投入。力争与现有的游戏、电影、音乐等娱乐方式相结合，形成叠加效应以吸引用户。娱乐的本质是共享时间和空间的现场感。借助元宇宙可以使游戏、电影、音乐等娱乐方式得以拓展，市场有望进一步扩大。此外，索尼还考虑通过传感器对体育场上运动员的动作进行捕捉和再现，让观众可以从喜欢的角度观赛及举办现场音乐会等。PlayStation VR 是由索尼互动娱乐开发的虚拟现实耳机，该耳机有一个处理器盒，可以将社交屏幕视频输出到电视。该耳机使用 3.5 毫米的耳机插孔，耳机的表面还有九个位置 LED，供 PlayStation 摄像头跟踪 360 度头部运动。

2022 年 7 月，日本 IT 企业 GMO 旗下数字营销广告公司 GMO NIKKO 宣布启动 GMO 元宇宙实验室，以支持企业和地方政府的业务扩展和提供元宇宙新体验，其将使用元宇宙和区块链技术对 NFT 等各种 Web 3.0 服务进行研究和分析，以解决 Web 3.0 时代新的营销和业务问题。

腾讯在日本开设第三个数据中心，用于满足其在线游戏和直播系统对云服务强劲的需求，还将在日本推出一项服务，以支持使用数十个模板创建元宇宙。腾讯将设立 XR 部门，此举也被业界视为腾讯推动其元宇宙业务发展的重要举措。

迪拜高度重视元宇宙和数字经济

2022 年 7 月，迪拜官方宣布成立“未来技术和数字经济高级委员会”，迪拜王储哈姆丹将担任委员会主席。该委员会将监督迪拜数字经济和未来技术相关战略的实施，分析数字经济和未来技术的趋势并制定政策，包括元宇宙、人工智能、区块链、Web 3.0、虚拟现实、增强现实、物联网、数据中心和云计算。

哈姆丹认为，元宇宙战略是一项综合计划，该战略对于迪拜成为全球元宇宙领先经济体和全球元宇宙社区枢纽的目标至关重要，是技术和经济领域的下一次革命，将影响未来二十年生活的方方面面。采用新技术将是迪拜愿景的一块基石，以此在重要部门创造新的工作模式，并增加元宇宙对区域和全球经济的影响。

美国强大的基石：开放-教育-人才-科技-金融

美国这个国家挺神奇。互联网、3D 打印、机器人、人工智能、区块链、加密货币、元宇宙等若干原创科技和创新模式都诞生在美国，并向全球传播。但是，你却很难看到美国政府在这些技术从研发到产业化的背景中扮演的任何角色。美国的科技和企业，完全自生自灭，从“车库”走向全球。相反，我国每项技术从研发到孵化再到产业化，从组建研发团队到产业发展，都是政府的各种规划在起主导作用。

在这里，我们不妨讨论一下，美国为什么会产生这么多原创技术，为什么一直引领全球科技与创新的发展？前面我们提道：为什么每一轮新科技浪潮都来自美国？其核心是人才。美国是一个移民国家，第一次世界大战和第二次世界大战都没有对美国本土造成任何损失，相反，英国、德国、法国、以色列、日本、苏联大都处于战争一线，损失惨重，导致全世界的精英人才、科学家都到了美国寻找安稳的教育环境、科研环境，支撑了美国的强大。有了全球顶尖的人才，自然就诞生了全世界顶尖的高校和研究机构，自然就有源源不断的原创技术产生。

我们衡量大到一个国家，小到一个地区，是否强大，是否有发展后劲，不是看 GDP，而是看有多少世界级的高校，有多少世界级的科学家。有了这两点，国际化的创新创业环境自然不会差。

很多地方都看到了美国教育强大、科技强大、人才强大的优势，很想学却学不会。为什么学不会？我举几个例子，大家不妨看看有没有道理。我们都想引进国外的诺贝尔奖获得者、两院院士来国内搞科研，深圳市早在 20 年前就率先推出了“孔雀计划”，对全职引进的院士直接给予 1 亿元的科研经费。但是，这么多年下来，又有多少院士全职留下了？我们的基础科学研究又取得了多少进步？

这个问题，我曾经给出过解答：第一，世界上有影响力的科学家从来不缺科研经费，真正看中 1 亿元科研经费的科学家基本上不是世界级的科学家。如果能够引进回来的海外院士等科学家人才，主要还是报效祖国的情怀使然。第二，我们引进的科学家首要责任是教学和科研，最好是引进到大学，既可以讲学，又可以做科研。把国外先进的教学理念、科学家精神、先进的科学方法和国际视野带回来，这是至关重要的。但是，很多地方就不同意这个观点，其认为花钱引进的人才是要给我们“下蛋”的，要有科技成果产业化转化的约束。其实，目标、性质完全不一样。院士也好，诺贝尔奖获得者也罢，他们都是做基础科学研究的，不是做产业化的。虽然他们不能直接给我们带来经济价值，但是对我们人才培养、科技创新、产业发展的引领示范和带动作用不可忽视。说白了，这些地方引进诺贝尔奖获得者、院士等科学家人才不是为了加强基础科学研究，而是为了政绩好看。第三，我们既然要引进国外科学家，就一定要站在科学家的角度去思考，不仅提供科研经费，还要提供良好的生活环境。大家都很现实，科学家也一样，也有家庭和孩子，也在乎生活环境、生活质量。

不要用情怀要求他们。他们长期在国内搞科研，而家人却长期在国外，这是不现实的。发达国家的生活环境一般都非常好，房前屋后都有草坪，家家都住别墅。我们总是在城里给他们提供两百平方米的电梯公寓，他们习惯吗？其实，他们并不希望生活在城里这么拥挤，这样的生活环境就好比宾馆，只是适合出差。如果要让他们在国内买房，那就更不现实。这些年房价上涨较快，北京、上海、深圳这些一线城市的房价远远超过了美国、英国、德国的大小城市，一般像样的电梯公寓都超过 15 万元/平方米，一套别墅起码都在 3000 万元以上。在国外，1000 万元就可以买一套像样的别墅。如果我们给他们提供的环境和国外一样甚至更好，你觉得他们愿意把家人都带过来吗？他们愿意长期待在这里搞科研吗？答案是肯定的。

我国现在非常重视科技创新，重视国际合作，重视国外高端人才的引进，但是，如果地方层面的执行策略不及时做调整，科研环境不改变，还是坚持“短平快”，还是坚持“急功近利”“好大喜功”，我们就不可能引进多少高水平的科学家！

下面我们来看看美国企业在抢跑元宇宙赛道方面做了什么。高通、英特尔、谷歌、亚马逊、微软、Facebook 等互联网巨头，不仅占据了传统互联网和信息技术的霸主地位，转身元宇宙，他们的地位仍然难以撼动。原因是元宇宙的核心技术也来源于互联网和传统的信息领域，他们具有得天独厚的优势。而且，元宇宙的规则和标准，正是他们在主导。2021 年，英伟达、高通高调进入元宇宙，开发芯片处理技术和存储技术，这些都是我们的短板。

军事宇宙已经启动

2022 年 5 月，美国国防科技公司开始了军事元宇宙的探索，将元宇宙应用在军事模拟演习上。两名战斗机飞行员进行了高空原元宇宙试验，他们在加利福尼亚沙漠上空几千英尺的地方，乘坐一对 Berkut 540 喷气式飞机，戴上定制的 AR 耳机连接到一个系统，该系统覆盖了一个在天空中与他们并肩飞行的加油飞机的幽灵般的发光图像。

微软重在建生态

2021 年 11 月，微软宣布正在打造工业元宇宙生态。

2022 年 1 月，微软宣布以 687 亿美元的总价值收购动视暴雪，拓展元宇宙游戏业务。

微软进入元宇宙的整体策略是软件主导，不局限于 AR/VR 硬件。

2022 年 5 月，微软宣布将针对工业环境推出 Industrial metaverse solutions 服务，日本川琦重工是该公司工业元宇宙的新客户，此后会利用微软的 HoloLens 增强现实设备制造机器人。Industrial metaverse solutions 是微软对于工业元宇宙、数字孪生、自动化控制、工业用人工智能与工业视觉结合起来的统称。

微软元宇宙商业化主要定位在娱乐和工业两个板块：基于娱乐场景的元宇宙和基于工业生产的元宇宙。在工业元宇宙平台建立的虚拟空间中，运维人员将不受地域和场景限制，在生产设备出现问题时，能够实现远程实时确认设备情况，并及时修复问题。

微软 CEO Satya Nadella 表示：微软正在建立一套多元化平台功能，帮助用户实现更丰富的实践和应用，超越商业和消费场景，延伸到所有设备平台。同时，微软将把 Mesh for Teams 建构在 Azure 之上，让企业用户可以按照自己的想法打造专属的企业用元宇宙空间，Mesh 可以通过任何设备来构建和访问，无论是 HoloLens、VR 头显、手机、平板电脑还是 PC。

在微软的元宇宙框架体系中，用户可以在微软办公软件 Teams 中用虚拟形象远程开会，可以通过 MR（混合现实）解决方案 Mesh 建设自己的元宇宙，而 HoloLens 则成了进入微软元宇宙的一道大门。

谷歌从元宇宙地图开始

Google 专门组建了创新实验室 Google Labs，对原有业务部门进行重组，该实验室的业务包括 AR 和 VR、Project Starline（全息视频通话）和 Area 120 内部孵化器等。

2022 年 5 月，在 Google I/O 2022 大会上，其正式推出了元宇宙沉浸式 3D 实景地图，集合了视觉技术及卫星街景照，能提供比传统地图更身临其境的真实体验，用户使用手机就能查看真实的街景细节和不同时间变化的城市风景。

谷歌对沉浸式 3D 地图的体验演示，对未来数字技术相关产业落地将起到重要的推动作用，将爆发更多数字新消费场景，进一步完善和丰富元宇宙体验。围绕沉浸式 3D 地图的布局，也是 AR/VR 技术的突破，谷歌将其作为自己的元宇宙战略支撑。

2012 年，Google 推出了一款 AR 眼镜，就是微型投影仪+摄像头+传感器+存储传输+操控设备的结合体。

2016 年，Google 推出了 VR 头显装置。谷歌对于 VR 底层技术的研发一直在推进。在 Google I/O 2016 大会上，Google 旗下的 YouTube 与 Facebook 的全景视频达成实时 360°视频直播项目合作。

2019 年，谷歌在旧金山游戏开发者大会（GDC）上公布了云游戏平台 Stadia，宣称只要是能进行解码视频的设备，都可以运行 Stadia，就像在 YouTube 上观看视频一样简单。

谷歌在元宇宙领域的人工智能、软件、硬件、内容等方面的整体实力处于全球领先位置，谷歌是第一家通过 AR/VR 眼镜真正追逐虚拟世界的公司，并正在通过谷歌助手、FitBit 积极推进家庭数字化。

2021 年 12 月，微软推出两款元宇宙应用：ConnectedSpace 和 MeshforTeams。借助计算机和人工智能技术，ConnectedSpace 可以让管理者实时观察本企业的运行情况，并提出改进管理的实时建议；而 MeshforTeams 是作为微软的 SaaS 协同办公工具 Teams 的一个组件推出的，它可以为人们创造一个元宇宙的办公环境。结合 MeshforTeams 的 MR 功能，身处各处的用户将自己化身为虚拟人物，通过 Teams 加入协作、召开会议、发送信息、处理共享文档等，共享全息体验。

高通强大的 XR 和存储技术

2009 年，高通开始研发 XR 技术。

2015 年，高通开始布局 XR，并陆续推出骁龙 XR1、XR2 平台，在很大程度上解决了 XR 产品延迟性、移动性差，分辨率、刷新率低等问题，大大提高了 XR 产品的体验感。其中，高通骁龙 XR2 是全球首个 5G XR 平台，能够支持高速的 AR、VR 移动处理。

2021 年 11 月，高通推出头戴式 AR 开发套件——Snapdragon Spaces XR 开发者平台。该平台能够实现一些主要的环境理解特性，包括空间映射与空间网格、遮挡、平面探测、物体与图像识别和追踪、本地锚点及其持久性以及场景理解。

2022 年 3 月，高通收购了手部追踪和手势识别方案提供商 HINS SAS 的团队和部分技术资产，使高通的 XR 产品具备更好的手部交互体验。

2022 年 3 月，高通设立总金额高达 1 亿美元的骁龙元宇宙基金，用于投资打造独特沉浸式 XR 体验、相关核心 AR 技术和相关人工智能技术的开发者和企业。

高通总裁兼 CEO 安蒙认为，我们提供的开创性平台技术和体验，让消费者和企业都能建立和参与元宇宙，并使实体与数字世界相互连接。高通的技术是通往元宇宙的钥匙。通过骁龙元宇宙基金，高通能够在新一代空间计算开启之际，赋能开发者和不同规模的企业创造更多可能。

经历数十年的发展，高通已经成为 XR 行业的领军企业。通过创办 XR 创新应用挑战赛的形式，高通将基于骁龙 XR 平台打造的终端设备进行集中展示，在比赛中让选手零距离感受 XR 带来的科技趣味，并借此机会实现 XR 产业链上下游企业之间的交流沟通，整合系统资源，促进行业合作，激励开发者创作出更有创意的 XR 应用产品，推动整个 XR 产业不断向前发展，为元宇宙的实现夯实基础。

全球第一款 5G 基带就是由高通带来的，同样，全球第一款支持 5G 的专用 XR 移动平台也是由高通打造出来的。

5G 和 XR 早就成为高通的重点布局方向，高通深厚的技术底蕴，以及出色的迁移能力，可以让其将在手机芯片领域的超高技术造诣，很轻松地就转移到 XR 领域。这样比从零开始研发 XR 芯片要更加省时省力，同时能够明显降低研发成本。

迪士尼开启个性化互动

2021 年 12 月，迪士尼获得了一项名为现实场景中的虚拟世界模拟器的技术专利，旨在为主题公园游客打造个性化互动景点。该技术通过追踪正在使用手机的游客，会生成个性化 3D 效果，并投影到附近的物理空间、墙面或园内物品上。

人们通常认为元宇宙存在于互联网，需要使用 VR 或 AR 设备才可以体验。但迪士尼的这项新技术能将元宇宙带到现实世界。AR 技术能够打造沉浸式体验，让游客与虚拟世界互动。通过这项技术，迪士尼可以通过 3D 投影与游客互动，而不用打造机械动画角色或专门请演员来现场表演。

英特尔拥有强大的算力和处理器

英特尔致力于提供构建元宇宙的技术基石，打造持续运行、极具沉浸感的互动体验，并让数十亿名用户实时访问，需要现有算力的千倍级提升，其 XPU 产品涵盖客户端、边缘和云端，助力英特尔在未来五年内实现 Z 级计算。而算力提升的背后，英特尔正在布局和推动从晶体管、封装、存储到互连的诸多技术创新。

在云和数据中心，英特尔至强处理器则针对更低时延和更高吞吐量进行了优化。英特尔针对边缘计算的处理器、基础设施处理单元、现场可编程阵列和 5G 解决方案弥合了从云到边缘的鸿沟，这对于元宇宙所需的大型分布式计算至关重要。

英特尔酷睿处理器是大家熟知的产品，在 PC 时代和个人计算机时代被广泛使用。该处理器致力于提供出色的计算能力，其优秀的单线程性能能够支撑游戏的良好体验。游戏、VR/AR 体验和电影中的逼真动画都是在搭载英特尔酷睿的 PC 和工作站上实现的。

英特尔全新 Xe 架构能够加速和渲染丰富的沉浸式体验，并同时覆盖客户端和服务器端，其针对游戏和创作的英特尔锐炫 Alchemist 显卡，以及针对加速高性能计算和图形化的 Ponte Vecchio，均在 2022 年面市。

Facebook 转型社交元宇宙

Facebook 作为一家拥有 30 亿用户的社交网络媒体，社交是其主要业务，与元宇宙结合非常紧密。该公司计划在 2025 年前完成元宇宙业务转型，成为一家专业的社交元宇宙公司。

2016 年，该公司发布了第一代消费者版 VR 设备 OculusRiftCV1，并持续更新迭代，一共推出了 5 代产品。2021 年第一季度的 VR 硬件市场，Oculus 系列产品占据了 75%的市场份额，其最新产品 OculusQuest2 因出色的性价比受到消费者喜爱，出货量高达 460 万台。通过硬件渗透率的提升，将带动用户数量、创作者数量的增加，以硬件促进软件和应用生态的完善。

2019 年 9 月，包括 Oculus 在内的 AR/VR 团队更名为 RealityLabs。Facebook 有约万名员工在 VR/AR 团队工作，占全部员工比例的近 20%。RealityLabs 旨在通过对科技创新的持续投入打造出下一代人与人连接的方式，在游戏、工作、教育等多个领域实现突破。

2021 年，Facebook 母公司改名为 Meta，标志着公司正式启动元宇宙项目。这一举动为元宇宙在全世界的推广普及发挥了重要作用，同时也为 Facebook 赚足了眼球。

2021 年 7 月，扎克伯格宣布将在公司 VR 实验室团队下成立元宇宙产品团队，持续在 VR/AR 及其他元宇宙相关领域进行产品服务研发。他认为，人们将不断适应 VR 设备带来的工作习惯转变，随着 VR 设备的不断更新迭代，十年内人们有望完全适应 VR 设备支持下的全新工作生活模式。Quest2 系列原本主要针对游戏应用而设计，部分社交活动已成为 Quest2 上的最热门体验。在软硬件产品基础上的内容创作者生态也将是企业发力的重点，围绕创作开发者的生态也有望衍生出可观的元宇宙经济。

2021年11月，RealityLabs发布了触感手套的最新研究进展，可以让使用者在VR世界中再现抓握物体或用手在表面上滑动等感觉，通过在软制动器和微流体的新兴领域的突破性进展，提高VR世界中抓握物体的舒适度和使用感。其将视觉、声音和触觉融合在一起，使增强的数字世界更加逼真。

扎克伯格表示，元宇宙能够为用户提供随时随地的现场感体验，可以通过VR、AR、PC、移动设备及游戏主机等各种不同的平台访问，将是移动互联网的下一阶段形态。虚拟现实将是元宇宙的重要组成部分，能够提供最沉浸的视听体验。

英伟达着力打造平台

英伟达是全球可编程图形处理技术的行业龙头企业，该公司开发的图形和通信处理器拥有广泛的市场，已被众多计算平台使用，包括个人数字媒体PC、商用PC、专业工作站、数字内容创建系统、笔记本计算机、军用导航系统和视频游戏控制台等。

根据JPR统计，截至2021年第三季度，英伟达占据了全球PC市场GPU 20%的市场份额；细分市场PC dGPU中，英伟达占据83%的市场份额。除GPU外，英伟达还将技术进一步延伸至数据中心、高性能计算、人工智能等，在底层架构、硬件侧与人工智能软件侧均有所布局。

2019年，英伟达推出NVIDIA Omniverse。

2020年，Omniverse Open Beta公测版本上线。

针对元宇宙新业务，英伟达创始人黄仁勋认为，Omniverse是面向工程师的元宇宙，是为元宇宙创作者、设计师、研究人员和工程师打造的平台。该平台集合了英伟达过去二十多年在人工智能、HPC与图形各方面的技术、算法、标准，是英伟达创建元宇宙数字化虚拟空间的技术平台底座；英伟达未来的元宇宙业务将以Omniverse为主线，形成一套以Omniverse为基础平台，并拥有强大计算支撑与先进硬件基础的元宇宙体系，具备低延迟网络、精准计时、高速存储访问等特点，能让全世界的技术人才协同进行产品的升级和迭代，全球的“数字矿工”将在 Onmiverse 搭载的平台上，将分散的智慧凝聚成强大的生产力，在元宇宙的数字空间中“淘金”，一同搭建元宇宙的万千景象。

据网络媒体报道，我国探月官方纪录片《飞向月球》第二季中就采用了 Omniverse 平台，用到物理渲染、实时光线追踪、高精度 3D 扫描等技术，并首次将超写实虚拟数字人应用在 4K 科学纪录片中。在产品设计方面，宝马和英伟达宣布共同利用 Omniverse 平台打造虚拟工厂，探索虚拟、数字规划领域的新前景。

亚马逊重点突出云计算

亚马逊认为：元宇宙是云计算可以大量赋能的一个领域。元宇宙本身需要的就是计算、存储、机器学习等，这些都离不开云计算。亚马逊围绕云计算已经形成了丰富的元宇宙技术矩阵，发布了一系列元宇宙相关的云计算产品。在算力基础、开发工具等这些与元宇宙息息相关的技术方面处于市场领先位置。

亚马逊针对数字孪生推出了 Amazon IoT TwinMaker。开发人员可以连接到设备传感器、视频源和业务应用程序等数据源，在云端快速构建设备、装置和流程的数字孪生。数字孪生创建完毕后，开发人员就可以使用相关插件创建基于 Web 的应用程序。之后，工厂操作员和维护工程师们在其维修设备上就可以直接调用这个云端的数字孪生体。

2020 年 8 月，亚马逊推出了一款名为 Room Decorator 的 AR 购物工具，支持用户在个人空间里可视化查看家具和其他家装饰品。亚马逊平台的用户可以在购买家装之前，提前预览装修效果。

亚马逊的元宇宙业务场景包括为游戏平台提供相关的基础服务。游戏平台需要不断地推出不同类型的小游戏以丰富元宇宙空间。游戏平台还为玩家与开发者提供协同开发工具与代码编辑工具。

亚马逊与 Meta 公司形成战略合作。Meta 将使用亚马逊云可靠的基础设施和全面的功能，补充其现有的本地基础设施，并将使用更多亚马逊云的计算、存储、数据库和安全服务，获得云端更好的隐私保护、可靠性和扩展性。

……

从美国、韩国、日本推广元宇宙产业的思路来看，首先应该做好顶层设计，做好元宇宙生态建设，围绕算力算法、基础硬件、存储技术和处理技术布局，并围绕示范应用拓宽边界。美国虽然没有从政府层面和行业协会层面构建元宇宙产业生态，但是，所有的“高手”都出自美国，Facebook 占据社区元宇宙首位，高通占据计算芯片首位，微软占据软件和工业元宇宙首位，英伟达占据储存芯片和平台首位，迪斯尼占据文旅元宇宙首位，英特尔占据算力首位，它们都在制定各个板块的细分标准。

目前，全世界对元宇宙的概念还没有一个标准答案和成熟的产品，也没有一家真正意义上的元宇宙企业，大家都还在努力探索中。所谓的元宇宙企业大多还是虚拟现实有关的企业。当前，利用元宇宙概念并实现垂直场景应用比较多的主要是游戏娱乐、社交平台、教育培训、文旅文创等领域。未来，元宇宙的发展将从概念到内容，从内容到产品逐步成熟，并形成完善的商业模式。

前面我们简单分析了美国企业自发的、市场化的生长模式，其抗风险能力强，而且从一开始就是全球化战略，竞争力与我国企业就不是一个等级。但是，我们的企业环境已经形成，从新兴产业初期就完全市场化，可能绝大多数企业都无法生存下去。即使在美国，某些重大产业，国家也是有很多资金和市场支持的，国家也会出手干预或协调。美国国防部往往是很多新技术最大的和最早期的买家，无论在 3D 打印、机器人，还是现在的元宇宙等新科技领域。例如，最近的“芯片法案”就是一个典型例证。

2022 年 8 月 9 日，芯片制造商格芯和 Applied Material，以及汽车制造商福特汽车和通用汽车的负责人与美国政府官员举行闭门峰会，讨论政府投资半导体的计划。次日，美国总统拜登就签署法案，为芯片制造和研究机构提供 520 亿美元的补贴，还包括一项针对芯片工厂的投资税收抵免，估计价值 240 亿美元。

格芯 CEO 托马斯·考菲尔德表示，芯片立法将加快美国本土的半导体制造速度，从而保护美国的经济、供应链和国家安全。这项立法旨在缓解持续的芯片短缺，目前已经影响到汽车、洗衣机和视频游戏等商品供应。由于短缺继续影响汽车制造商，数千辆汽车和卡车仍停在密歇根州东南部等待芯片到来。福特首席执行官 Jim Farley 表示，可靠的国内芯片供应，包括汽车和国防工业所需的传统半导体，将使美国的生产线保持运转。

发展美国的芯片产业无可厚非，但是美国出台这一法案，有一个针对性很强的约束条件是要让芯片企业在中美之间二选一，企业一旦获得美国财政补贴，就要在美国建立工厂，而且 10 年内不准扩大对中国先进制程芯片的投资。看来，美国在推进自身国家战略的同时，始终没有忘记对中国的打压。

过去美国在扶持 3D 打印方面，也给予了很多支持。

2011 年，美国出台了《先进制造伙伴关系计划》。

2012 年 2 月，美国科学与技术委员会正式发布了《先进制造国家战略计划》。

2012 年 3 月，奥巴马宣布投资 10 亿美元实施国家制造业创新网络计划，全美制造业创新网络由 15 家制造业创新研究所组成。

2012 年 4 月，美国将 3D 打印作为首个制造业创新中心正式启动，专注于 3D 打印和生物基因图谱等各种新兴技术，以带动制造业的创新和增长。

2012 年 8 月，作为国家制造业创新网络计划的一部分，位于俄亥俄州扬斯敦的美国 3D 打印创新学会成立，美国国防部、能源部和商务部等五家政府部门共同出资 4500 万美元，俄亥俄州、宾夕法尼亚州和西弗吉尼亚州的企业、学校和非营利性组织组成的联合团体出资 4000 万美元。这一学会实质上是一个由产、学、研三方成员共同组成的公私合作研究机构，致力于将 3D 打印技术和新产品的开发结合起来，增强国家制造业竞争力，主要研究的三项技术主题是打印材料特性和效能的研究、资格鉴定和认证测试，以及加工能力和过程控制。

美国关于元宇宙的扶持政策还没成型，预计也会率先得到美国国防部等重点部门的大宗采购，然后组建国家元宇宙创新中心等松散型研究机构，制定美国元宇宙标准体系，推动元宇宙与传统产业的结合，促进元宇宙在航空航天、军事、工业、社区、教育、科普等领域的应用。

第九章

我国元宇宙任重道远

每个城市都有发展元宇宙的基础条件，那就是应用端。

但是，并不是每个城市都具备发展元宇宙产业的基础。

如果应用端率先突破了，上下游优势资源可以快速集聚。

很多城市之所以刻意保持低调，并不是实力不允许，而是对新兴科技的看法和视角不一样。有些更看重成熟的产业，有些则看得比较前端。当然，也有个别城市急功近利，缺乏远见和担当。

在元宇宙这个新赛道上，我国企业和地方政府并没有缺位，也没有掉队，而是第一时间发挥各自优势，找准突破口，积极参与。2022 年主要是以上海为主的地方政府助推了元宇宙产业从背后走上前台，被社会各界所认可和接受。

首先是一大批互联网企业围绕传统的游戏娱乐率先布局，其次是围绕 NFT、数字藏品等文创、文旅产业布局。也有不少企业在算力算法、数据库建设、课程开发、内容创作、VR、AR 等领域布局。截至 2022 年 8 月，我国有元宇宙概念的企业有三四百家。预计到 2023 年年底，将会突破 1000 家。

我国元宇宙龙头企业包括腾讯、百度、阿里巴巴、联想、京东、字节跳动，一方面它们在算法算力、游戏娱乐、社交、购物等领域前期早有涉足，基础实力雄厚，有自身的许多优势可以利用；另一方面这些互联网龙头企业都具有强劲的融资能力、投资能力和开发能力。

百度推出希壤

百度已将 AR 技术叠加在百度地图应用中，通过 AR 视觉定位技术和自动驾驶技术，精准定位沿途商铺的虚拟内容和场景，实现互动性营销。

2021 年年底，百度推出了自己的元宇宙产品——希壤，并在里面举行了大会。在首期首先提供了虚拟空间定制，合作伙伴根据自己的想象力，可以打造专属于自己的个人空间和品牌世界，这个世界是一个开放的平台，吸引大家填充内容并主动参与；其次是全真的人机互动，为每个用户定制专属于自己的数字人，更直观地与伙伴、客户进行实时的语音和互动交流；最后是满足多人同时在线，据说最多的时候可以满足 10 万人同时在线互动。但是这次体验的效果并不如人意，场景和虚拟人、交互还比较粗糙，建筑场景建模比较简陋。

联想从 AR/VR 发力

过去几年里，联想在 AR/VR 等领域的投入已有一定成果。2017 年，联想

Mirage AR 智能头盔套装正式问世。2021 年，联想又分别推出了晨星 AR 和 Think Reality A3 AR 智能眼镜。而在产业领域，通过元宇宙的虚实联动，能够创造出一个虚拟工厂的模型，在设计、制造、运营、服务等方面，为制造业打造一个全价值链体系。

2022 年 4 月，联想元宇宙深瞳数字资产治理平台问世，该平台聚焦 B2B，立志于构建完整生态。

2022 年 7 月，联想新视界核心产品——DTOS 数字孪生操作系统及联想新视界云渲染中心亮相联想 CVC 创投周活动，该产品被定位于构建工业 4.0 和新型智慧城市的数字底座。

联想有关负责人对外表示：AR/VR 技术作为连接物理世界和虚拟世界的桥梁，通过数字孪生、虚实融合、虚实联动等方式，在物理世界中叠加虚拟世界的信息与感知能力，提升人/机器人的决策能力与协作效率，同时也能够在虚拟世界中进行仿真、推演，实现真实世界难以实现或成本很高的应用，这不仅是企业数字化转型的高级需求，也为联想 AR/VR 赋能制造业奠定了基础。

联想目前已经实现了完整的元宇宙解决方案，包括通过全要素+开放平台，降低构建成本，通过虚实联动+智能化应用，提高应用价值等。联想将通过多个维度发力，不断丰富元宇宙的应用场景，为企业工业制造与产业智能化变革提供科技动能。而这些新模式与新探索，将逐渐构建起联想元宇宙的完整生态，赋能更多行业与企业智能化转型，让元宇宙更好地服务于产业、服务于社会，担当起数字经济发展的中坚力量。

由联想自主研发的一体化混合现实 MR 智能眼镜是联想在 C 端发力的重点产品，既可以在 C 端用于 AR 游戏、大屏观影、家居购物，又可以在 B 端用于智能巡检、远程协作、AR 培训等场景，是一款适用于 B/C 端各大场景的硬件。其核心的算法由联想自主研发，支持环境跟踪、平面检测等功能。

腾讯从游戏社交开始

游戏和社交是腾讯的支柱产业，也是最容易与元宇宙结合的产业，可谓天时地利。2020 年 2 月，腾讯投资和淡马锡参与投资了 Roblox 的 G 轮融资，总额高达 1.5 亿美元。此前，腾讯就已是 Epic Games 的股东，持股比例达到了 40%。作为虚幻引擎的开发商，Epic Games 无论在传统游戏还是 VR 游戏里的分量都非常足。

据悉，腾讯拥有元宇宙相关专利 24000 余项，地域遍布全世界 126 个国家和地区，内容主要涉及虚拟场景、图像处理、人工智能、服务器、区块链、数据处理等，其中发明专利占比高达 99.74%。

2022 年 1 月，腾讯斥资 26 亿～27 亿元收购游戏手机公司黑鲨科技。交易完成后，黑鲨科技的业务重点将从手机游戏转向 VR 设备，为腾讯提供 VR 硬件入口。

2022 年 6 月，腾讯正式成立扩展现实部门，正式将赌注压在虚拟世界的元宇宙概念上。该部门的任务是为腾讯建立包括软件和硬件在内的扩展现实业务，并将成为腾讯互动娱乐事业群的一部分。

阿里全方位布局

阿里巴巴达摩院 XR 实验室负责人表示，元宇宙的技术支柱一共分为四层，分别为全息构建、全息仿真、虚实融合、虚实联动。前两层依赖 VR 技术构建虚拟世界，后两层靠 AR 技术来实现虚实结合。

阿里巴巴很早就已将 AR 与手机淘宝、支付宝等 App 的“扫一扫”功能相结合。用户打开 App 扫码，相关电子消费品的 3D 效果、互动游戏等信息便会出现在手机屏幕上。

由浙江大学学生团队创办的太若科技，获得阿里巴巴 6000 万美元 C+轮投资。这是一家 MR 智能眼镜研发公司，主要聚焦于混合现实技术研发、AR 终端眼镜生产，致力于打造混合现实技术生态，用创新和技术塑造未来世界，改变人类认知体验。

2021 年 9 月，阿里云游戏事业部成立新品牌“元镜”，这是一个基于元宇宙底层技术设立的云游戏开发者平台。

同月，虚拟数字人 AYAYI 入职阿里巴巴。

2021 年 10 月，阿里巴巴达摩院旗下建立 XR 实验室。

字节跳动从 VR 切入硬件、社区、游戏

字节跳动可谓是“剑走偏锋”，踩准了 Web 2.0 的节奏迅速发展壮大。Web 1.0 时代的互联网企业，都既提供平台又提供内容，内容产生的收益全部归企业所有。而字节跳动一开始就只提供平台和规则，用户自己提供内容，还能够获得一些收益，不仅直接带动了字节跳动自己“火起来”，还加快了互联网的转型升级。一个头条（以文字为主）加上一个抖音（以短视频为主）直接将一大批传统的电视、纸媒、网络巨头抛在身后，连“招呼”都不用打一声。

2017 年，抖音推出了 VR 社交，以及 AR 扫一扫、AR 互动、AR 滤镜等功能。

2021 年 1 月，字节跳动战略投资代码乾坤，其为一家集工具开发、平台运营、素质培养、能力培训于一体综合互联网企业。

2021 年 8 月，字节跳动收购 VR 企业 Pico。

2021 年 11 月，字节跳动投资众趣科技。众趣科技是一家 VR 数字孪生（数字孪生指的是通过数据手段模拟克隆一定范围内的物理世界中的物体）云服务商，专门做 3D 实景重建，可以通过用一个普通的第三方全景相机拍摄，在云端搭建 3D 空间模型，为字节跳动提供最基本的空间数据，为其打造自己的“元宇宙”提供基础设施。

2022 年 1 月，字节跳动上线元宇宙社交 App 派对岛。

同月，字节跳动投资杭州李未可科技，主打 AR 科技潮牌及同名虚拟 IP 形象。

2022 年 7 月，字节跳动收购游戏公司沐瞳。

京东从人工智能突破

京东探索研究院透露：京东布局了超级深度学习、可信人工智能、量子

机器学习三大方向，从理论和算法层面为产业元宇宙提供内容创作、信息流通和算力保障；同时，京东也在积极研究超自动化等系统，不断优化京东云的成本、效率和体验。

在超级深度学习方面，京东提出了 ViTAE v2 模型，通过将超大规模预训练模型作为骨干模型应用于下游任务，降低了人工智能视觉模型的落地实践门槛。ViTAE v2 模型可以应用于多个下游视觉任务，在不依赖任何外源数据集的情况下，6 亿参数的 ViTAE-H 单模型在 ImageNet Real 榜单排名世界第一；基于 10 亿参数开发的 ViTAE-G 单模型，在 MS COCO 等四个人体姿态估计权威榜单排名世界第一；这些视觉感知能力是构建数字孪生系统的基础能力。在 MillionAID 数据集上，通过 ViTAE v2，训练了世界上第一个遥感预训练大模型，在九个基准任务上均取得世界第一的成绩。

在自然语言处理领域，京东提出了织女 Vega v1 大规模预训练模型，并在全球竞争最激烈的自然语言理解榜单 GLUE 进行了验证，在九个不同的任务上以均分 91.3 分的成绩取得了世界第一。在 benchmark 上的指代消除和情感分析这两个任务上，首次验证了机器可以超越人类。在人工智能生成内容方面，京东已经在三维重建、人工智能辅助创作、人工智能自动化设计等方面有了一些初步的探索和进展。

上海元宇宙行动方案发挥了很好的示范带动效应

2022 年年初，北京、广州、厦门、深圳、武汉、成都、杭州、无锡、合肥等 20 多个城市相继表达了大力发展元宇宙的兴趣。如果前面很多城市的元宇宙政策还只是蜻蜓点水，那么上海的元宇宙行动方案就是迅速在全国激起不小的浪花，至少很多地方对元宇宙不再保持沉默、不再犹豫，而愿意主动去认识元宇宙，接触元宇宙。

《上海市培育“元宇宙”新赛道行动方案（2022—2025 年）》提出，到 2025 年，上海“元宇宙”相关产业规模达到 3500 亿元，带动全市软件和信息服务业规模超过 15000 亿元、电子信息制造业规模突破 5500 亿元。同时，该行动方案还提出，聚焦空间计算、全息光场、五感提升、脑机接口等方向，突破人机交互瓶颈。加快微型有机发光显示（Micro-OLED）、微型发光显示（Micro-LED）等新型显示技术研发应用。聚焦光波导、光纤扫描等近眼显示技术和柔性、类肤等新材料，提升沉浸交互体验。提升计算平台效能，推动图形处理器（GPU）、专用集成电路（ASIC）、可编程逻辑阵列（FPGA）等计算芯片和 RISC-V 指令集架构芯片的研发。强化大尺寸图像压缩、实时图形渲染、资源动态调度等计算技术研发。加强算法创新与应用，加快对抗生成网络、超大规模预训练模型等技术在图形引擎、动态建模、数字孪生等领域的融合应用。

……

元宇宙的世界不仅改变了我们的生活方式，也拓展了空间和时间界限，给我们带来了全新的宇宙观。元宇宙综合了区块链、5G、人工智能、VR 等各个领域的尖端技术，必将引起上下游相关产业的巨大变革。元宇宙将成为未来经济社会发展新的增长极。

如果说元宇宙正在到来的路上，那么现在政府层面已经认识到元宇宙的价值，并做好了相关准备工作的话，可能要数上海，上海市的各个区甚至镇街都已经行动起来了。现在，上海市为了抢抓新赛道、培育新动能，将“元宇宙、绿色低碳、智能终端”三大产业并列为上海市高质量发展的三个重点方向，并相继发布三个行动方案。

广州黄埔区“元宇宙十条”

2022 年 4 月 6 日，广州市黄埔区、广州开发区举行新闻发布会，发布《广州市黄埔区、广州开发区促进元宇宙创新发展办法》。该办法聚焦数字孪生、人机交互、AR/VR/MR（虚拟现实/增强现实/混合现实）等领域，旨在推动元宇宙相关技术、管理、商业模式的产业化与规模化应用，培育产业新业态、新模式。其扶持范围涵盖技术创新、应用示范、知识产权保护、人才引流、交流合作、基金支持等十个方面，重点培育工业元宇宙、数字虚拟人、数字艺术品交易等体现元宇宙发展趋势的领域。

该办法将从建设具有黄埔特色的元宇宙标志性场景、元宇宙关键共性技术与通用能力的价值创新与公共服务平台、特定研究方向的元宇宙相关项目三个层面进行奖励。

该方法还提出将重点引进和培育一批掌握元宇宙关键技术及应用的领军企业，对元宇宙专精特新企业入驻该区认定的“专精特新产业园”，最高将给予 100 万元租房补贴、500 万元购置办公用房补贴。特设“加大人才引流”条目，分层、分类对人才给予最高 500 万元、300 万元、200 万元购房补贴，同时将区领军人才工程覆盖到元宇宙等相关产业。该区元宇宙产业链相关企业已经超过 100 家。

广州南沙区“元宇宙九条”

2022 年 7 月 25 日，广州市南沙区发布《广州南沙新区（自贸区南沙片区）推动元宇宙生态发展的九条措施》，分别从技术攻关支持、创新平台资助、产业集聚扶持、研发投入补助、应用场景构建、创新生态建设、人才引进补贴、科技金融支撑、知识产权促进九个方面对南沙元宇宙产业发展给予支持。南沙区将发展元宇宙产业助推数字经济发展，作为抢抓新一轮科技革命和产业变革机遇的重要抓手，前瞻布局、迅速行动，出台全国领先的“四链”融合政策体系、独角兽“黄金牧场”九条、“强芯九条”等特色专项政策。

广州南沙区瞄准元宇宙新技术、新业态、新模式，将构建具有优势技术支撑、高效成果转化和广阔市场空间的元宇宙产业生态，塑造经济社会高质量发展样板，加快打造立足湾区、协同港澳、面向世界的重大战略性平台。对具有重大科技创新支撑作用的元宇宙科研平台落地，给予每个平台最高 2 亿元资金支持。对经省、市科技主管部门认定的元宇宙领域新型研发机构在建设期内给予最高 1 亿元补助。每年安排 1 亿元对元宇宙关键技术协同攻关给予单个项目最高 1000 万元支持。对承担国家、省、市级项目分别给予 100%最高 500 万元、70%最高 300 万元和 50%最高 200 万元的资金奖励。

对新落户及认定的元宇宙总部型企业，一次性给予最高 3000 万元的落户奖励。对集聚区内办公运营或从事相关科研用途的元宇宙科技型中小企业，提供最长 3 年的免租场地。对南沙区内元宇宙领域企业，按照研发经费投入的 20%，给予最长 3 年每年最高 1000 万元的研发投入补助。对区内建设的元宇宙应用展示中心，按其实际投入费用的 50%给予最高 2500 万元补贴。对元宇宙应用场景示范项目按实际投入费用的 50%给予最高 500 万元补贴。支持区内元宇宙创新联盟、协会等发展，给予每年最高 300 万元运营补贴。对举办元宇宙相关创新创业大赛、论坛及峰会，给予最高 300 万元补助。鼓励建设元宇宙公共服务平台，给予最高 300 万元补贴。对主导或参与国际标准、国家标准等标准制定的单位给予每项最高 50 万元资助。

对拥有国际领先的核心技术或自主知识产权的元宇宙相关高层次人才创新创业团队给予最高 1 亿元奖励。对拥有国际领先的核心技术或自主知识产权的元宇宙相关高层次科创人才给予最高 1000 万元安居补贴；对高管和骨干技术人才连续 5 年给予人才补贴，补贴额度最高不超过上一年度本人经济贡献。鼓励元宇宙龙头企业、有关科研机构牵头，联合社会优秀创业投资机构共同设立元宇宙产业发展基金。对在区内注册运营的创业投资基金，按照其实际投资区内元宇宙企业金额的 5%给予基金管理公司奖励，单只基金单个投资项目每年最高奖励 300 万元。推动区科技型中小企业信贷风险损失补偿资金池合作银行优先对元宇宙企业给予信贷支持，对入池企业给予最高 300 万元贴息补助。

厦门《厦门市元宇宙产业发展三年行动计划（2022—2024 年）》

2022 年 3 月 31 日，厦门市工业和信息化局、厦门市大数据管理局印发了《厦门市元宇宙产业发展三年行动计划（2022—2024 年）》，提出立足厦门实际，抢抓数字经济和元宇宙发展新机遇，打造“元宇宙生态样板城市”和数字化发展新体系，打造一个高端研究平台、开发一批特色应用场景、培育一批优质企业、培养一批创新人才、组建一个产业联盟、制定一批行业标准。加大对国内外元宇宙领军企业的招引力度，谋划一批重大产业招商项目。围绕硬件、平台、智能芯片、NFT、VR/AR 等重点领域加大招商引资力度，支持有影响力的元宇宙企业或机构来厦门设立总部、研发中心、创新平台、孵化基地等。积极推动科研院所和企业联合打造元宇宙应用平台，推动三维数字空间、虚拟数字人和NFT 数字资产在城市管理、民生服务等领域的开发应用，遴选一批优秀元宇宙应用方案，形成可复制推广的示范案例。

依托鼓浪屿、沙坡尾、筼筜湖等厦门地标，以及金鸡百花奖、马拉松等城市名片，支持科研院所和企业打造具有厦门市特色元素的元宇宙应用场景，打造一批会展、旅游、体育、商业领域的特色场景示范案例。引导企业探索元宇宙新技术、新应用和新业态，优先为厦门市元宇宙企业开放应用场景。支持企业和机构积极参与元宇宙领域的国际、国家、行业和地方标准制定。加速建立元宇宙相关标准、测评、知识产权等服务体系，加强知识产权运用和保护，加大对元宇宙技术和应用的知识产权保护力度。

杭州未来科技城重点突破 XR

2022 年 3 月，杭州未来科技城发布了“XR（XR 指 Extended Reality，即扩展现实，通过计算机将真实与虚拟相结合，打造一个可人机交互的虚拟环境）产业计划”，将以 XR 空间站的 4 万平方米空间为核心，打造一个 XR 产业园区。

“XR 产业计划”明确，力争五年内，培育 XR 上市企业 5 家，引培 XR 相关企业 300 家，扶持技术攻关和场景应用项目 100 项。在具体的资助上，未来科技城也开出了大手笔：汇聚规模 10 亿元的 XR 产业基金，鼓励社会资本参与投资，优质项目最高可享受 500 万元的创业风险池、让利性股权投资基金和跟进投资基金等支持。

加大对 XR 产业人才的引进力度，实施“顶尖人才项目”政策，最高给予1 亿元的支持。形成一套 XR 专项人才培育机制，给予“一人一策”最高 1300万元奖励，分层次给予梯队人才奖励。完善 XR 人才服务保障，最高给予 300万元安家费补助。

杭州钱塘区从高层次人才入手

《杭州钱塘区元宇宙产业政策》提出，高层次人才来钱塘区创办元宇宙产业项目的，给予最高1000万元启动资金和研发费用补助、最高1000平方米3年租金补贴。产业发展紧缺、水平特别突出的创业项目，最高给予1亿元资助。钱塘区将围绕数字孪生、人工智能、虚拟数字人等元宇宙核心底层技术，以及游戏、社交、教育等元宇宙新型应用场景，引进培育一批创新型中小企业。

2019年以来，钱塘区引进的人才企业中，入局元宇宙产业链的企业已经超过10家，归属元宇宙概念的企业有43家，包括英兔科技、锐掣科技、傲雪睿视等。坐拥浙江省最大的高教园，钱塘区14所高校下设的二级学院中，近70所都与元宇宙产业链的底层技术支撑、前端设备平台、场景内容入口等层面有较强关联。

无锡市滨湖区抓行业生态

无锡市滨湖区推出《太湖湾科创带引领区元宇宙生态产业发展规划》，以及相配套的科技创新服务体系、科创载体建设、人才安置工程三年行动计划等，旨在打造国际创新高地和国内元宇宙生态产业示范区。到2025年，滨湖区将通过元宇宙生态产业集聚发展、关键技术创新发展、专利标准引领发展、应用示范跃迁发展、专业人才梯次发展等手段，打造成长三角元宇宙技术创新高地、生态产业发展高峰、人才集聚高原，基本形成技术引领、企业集聚、示范应用、标准完备的元宇宙产业生态，成为国内元宇宙产业发展的典范，打造元宇宙的滨湖名片。

江宁高新区建设元宇宙先导区

南京市江宁高新区发布的《江宁高新区关于加快发展元宇宙产业的若干政策》提出，规划建设元宇宙产业先导区，打造元宇宙软件和技术层、感知显示层、场景及应用层的长三角地区特色化园区。鼓励园区内社会载体与驻区高校、企业合作，围绕元宇宙产业集聚建设特色示范空间，对于面积在400平方米以上的载体，给予每年 20 万元运营补贴，每增加 100 平方米再增加给予 5 万元补贴，补贴年限不少于三年。

重庆渝北区“6 个一”工程

2022 年 4 月，《重庆渝北区元宇宙产业创新发展行动计划（2022—2024）》发布。渝北将实施“6 个一”工程，即开发一批特色应用场景、打造一批高端研发机构、培育一批优质企业、培养一批创新人才、组建一个产业联盟、制定一批行业标准。力争到 2024 年，渝北的元宇宙技术研发和应用推广取得明显进展，元宇宙新技术、新模式、新服务更好融入生产生活，元宇宙产业特色化集群化发展效果显现，元宇宙产业创新生态体系基本建成，进一步促进元宇宙新业态、积蓄数字产业的新动能，打造数字经济的新优势。

北京通州区推示范应用

2022 年 2 月，北京市通州区发布《关于加快北京城市副中心元宇宙创新引领发展的若干措施》（以下简称《措施》）。其中指出，要提升元宇宙产业空间承载能力，打造“1+N”的产业创新集聚区。在张家湾设计小镇创新中心，集聚高端创新要素，打造元宇宙应用创新中心；在文化旅游区、台湖演艺小镇、张家湾古镇、宋庄艺术区、运河商务区等区域，打造与应用场景高度融合、形成元宇宙示范的主题园区。支持企业面向京津冀特别是雄安地区，面向全国、面向全球延展研发链和产业链，不断扩大行业影响力。

《措施》从示范应用、产业布局、鼓励投资、知识产权保护和标准创制、房租补贴、产业联盟、人才引进、交流合作八个方面，从项目、资金、人才、技术等多个途径，鼓励元宇宙相关企业落地发展。

2022 年 8 月 9 日，北京市委书记蔡奇来到张家湾元宇宙应用创新中心，了解产业发展情况。他强调，元宇宙是一片“新蓝海”，要发挥头部企业带动作用，加强核心技术攻关，投放更多应用场景，推动元宇宙产业聚集发展。

《武汉市元宇宙产业创新发展实施方案（2022—2024 年）（征求意见稿）》发布

2022 年 8 月，《武汉市元宇宙产业创新发展实施方案（2022—2024 年）（征求意见稿）》发布，其中加快元宇宙技术布局方面的主要任务之一为筑牢基础技术根基。推动扩展现实、三维、数字孪生、人工智能等元宇宙直接关联技术，先进计算（云计算、边缘计算、人工智能计算、超算）、5G+/6G、区块链、海量存储等元宇宙底层架构技术，可穿戴设备、脑机接口、微传感器、新型操作系统等元宇宙接口技术的迭代升级，着力推动武汉市在元宇宙部分重要技术领域的研发实力和技术积累达到国内领先水平。

强化元宇宙企业培育方面的主要任务之一为快速孵化创新企业。针对元宇宙发展的初期性、长期性、高失败率，在一定时间内为各类创新创业团队以减免、共享形式提供研发办公场地、网络环境、算力资源、城市数据资源库等基础服务，联合相关机构同步提供人力资源、知识产权、股权投资、战略咨询等其他增值服务，争取成功孵化一批元宇宙先锋项目和企业。在全市建设元宇宙产业孵化基地 2 个以上，支持有条件的（开发）区谋划建设“元宇宙创新示范基地”。

部署元宇宙重点平台方面的主要任务之一为布局核心资源平台。加快部署大型互联网数据中心、超算中心、人工智能计算中心等平台设施，着力解决算力资源需求。发展风能、太阳能、氢能、生物质能等新能源技术平台及设施，着力解决能源资源需求。谋划建设其他新型元宇宙基础设施。

我国元宇宙任重道远

截至 2022 年 8 月底，我国有 20 多个市、区陆续发布了有关元宇宙产业发展的政策，有些是以一级政府的名义发布的，有些则是以工信局的名义发布的；有些政策比较接地气，有资金配套，有些政策则比较笼统，只提概念和目标，缺乏具体政策支撑；还有不少地方继续保持观望。

从各地出台元宇宙行动方案的执行情况来看，政策很好，但企业却很难得到政策支持。主要反映在几个方面：一是很多地方急于求成，标准太高，尤其是产值、税收等指标，大多数企业无法达到，毕竟元宇宙还处于起步阶段，大多数企业还是小企业；二是通过引进行业龙头企业来发展元宇宙的思路无可厚非，但目前来看，还没有真正的元宇宙龙头企业，传统的互联网龙头企业实力都很强大，招商引资的政策对其来说并没有吸引力，它们更看重行业生态。

对比我国和美国的元宇宙企业，可以看出差距非常大。美国的企业抢占了硬件、软件、平台、内容的主动权，实力都非常强。而我国与元宇宙相关联的企业大多数从事低水平的重复研发和设计，彼此之间缺乏交流，也没有形成上下游协作关系。很多从事教育元宇宙的企业，都在重复地开发培训课程，搭建的教育培训空间、平台之间互不兼容，而任何单个企业又不能完全驾驭教育培训这个领域。这就导致到处都是“断头路”的情况。

针对此现状，我认为有以下工作需要开展。

第一，成立元宇宙智库，发挥行业组织的协调作用，深化国际间的对话合作，使我国元宇宙产业尽快融入全球元宇宙战略，积极参与国际分工。无论是大企业，还是小企业，在元宇宙这个新兴领域，目前都还只是小个体，无论是技术路线，还是商业模式都不完全成熟；应该由政府和行业协会出面，加强行业治理、促进行业协作，建立健全元宇宙生态，把内容创作方、产品供应方、市场需求方、技术研发方、配套服务方等上下游各相关要素资源整合起来。目前，中国计算机行业协会元宇宙产业专委会正在牵头，加强行业交流沟通，推动行业资源整合，做好顶层设计，促进分工协作，共建基础平台，使相关企业的产品和内容都集中在平台上推广使用。

第二，搭建元宇宙公共服务平台，推动科学普及、示范推广和教育培训。目前，大家对元宇宙的认识还非常抽象，元宇宙究竟是什么样子，有什么意义和作用，要展现出来，靠一个或几个企业去完成这项任务，还是非常艰巨的。毕竟国内元宇宙企业都还处于“小而散”的状态。

在元宇宙起步初期，应扶持和搭建各种元宇宙主题馆，作为开放式公共服务平台，发挥科学普及和示范效应。科普是一个长期的过程，我们需要这样的平台加强与用户、与社会的沟通。

第三，搭建元宇宙底层技术研究机构，从算法、算力、数据挖掘、人机交互、信息技术、区块链、存储技术等核心要素入手，联合科研机构、实体企业、应用场景三方，组建高层次应用型研究机构，成为推动元宇宙技术创新和产业发展的重要抓手。

第四，将元宇宙示范应用与数字政府结合起来。在数字政府建设中，通过政府采购企业的服务，来推动元宇宙在文创文旅、教育培训、社区服务、医疗健康、数字化工厂等领域广泛应用，推动一批标志性的数字博物馆、数字工厂、数字社区、数字医疗等项目的转型。

第五，促进产业集聚，形成发展氛围。有条件的地方应该鼓励建立元宇宙特色产业园区，将研发机构、公共服务平台和上下游企业、人才培养机构、行业协会引进到园区集聚，形成规模效应、示范效应、集群效应和协作效应。

第六，产业基金配套。利用金融和资本的力量引领和扶持行业发展。对于处于起步初期而又具有科技优势的产品、平台、商业模式，可以通过资本的力量去扶持和引导、培育。

第七，制定行业标准。元宇宙的概念很广，穿透力非常强，如果不能及时管理和约束，将严重影响互联网生态。

每个城市都有发展元宇宙的基础条件，那就是应用端。但是，并不是每个城市都具备发展元宇宙产业的基础。如果应用端率先突破了，那么上下游优势资源是可以实现快速集聚的。

第十章

最不应该低调的城市

我们有必要思考：全球每两三年就会迎来新一轮科技浪潮，从2012年的3D打印、机器人、人工智能，到今天的元宇宙，为什么至今还没有哪一个城市形成了强大的产业集群？为什么每一轮新科技来临，我们都只是跟随，而无法超越？

苏州、南京、无锡这几个经济强市在上海面前，显得非常谦逊。上海是龙头，虹吸效应太强，“吸走”了优秀企业、优秀人才、优秀产业……

可能我们对苏州给予了太多的期待、太多的关注、太多的信心。每次新科技、新产业出现时，总希望苏州这样的超级经济城市能率先跟踪，率先发布行动方案，率先布局，率先冲在其他城市前面。

深圳和广州在新科技、新产业领域，还应更加积极主动拥抱，抢占制高点。目前，深圳和广州缺乏世界级的大学和世界级的科研机构和国际化的创新创业环境，这将直接影响到其未来的发展后劲。

我一直在关注哪些城市对新兴科技比较敏感，支持力度比较大，对传统产业的带动作用最明显。上海等城市都已经行动起来了，为什么还有很多城市保持沉默？如果说地处西部、东北地区的很多城市心有余而力不足，想发展新科技而条件不具备，那么下面我们来关注珠三角地区、长三角地区几个城市的经济实力，再来分析它们对新科技的敏感度。

2021 年，深圳市 GDP3.07 万亿元，广州市 GDP2.82 万亿元，苏州市 GDP2.27 万亿元，南京市 GDP1.64 万亿元，无锡市 GDP1.4 万亿元，佛山市 GDP1.22 万亿元，东莞市 GDP1.09 万亿元，中山市 GDP3566 亿元，珠海市 GDP3881 亿元。

深圳、广州作为两个副省级城市，实力相差不大，深圳后来者居上。

苏州作为一个地级城市，其经济实力远远超过南京、成都、青岛等很多副省级城市，甚至超过西部地区一些省份，被誉为我国的超级经济城市。其辖区所属昆山、张家港、常熟等县级城市一直占据了国内 10 强县（市）的前几名。2021 年，苏州规模以上工业总产值正式突破 4 万亿元，超越上海，成为全国第一大工业城市。苏州拥有 35 个工业大类，涉及 167 个工业中类、489 个工业小类、16 万家工业企业，是我国工业体系最完备的城市之一。

无锡、佛山、东莞几个地级城市早就进入万亿元俱乐部，产业基础非常强劲。中山虽然规模较小，但是由一个县级行政机构直接升级为地级城市，有 3500 多亿元的经济总量，实力也不错。

成都经济规模超过四川全省的 1/3，接近 2 万亿元。而排名第二的绵阳，也才 3200 亿元。但是在四川，绵阳已经是成都之外的第二大经济城市。

苏州、南京、无锡这几个经济强市在上海面前，显得非常谦逊。上海是龙头，虹吸效应太强，“吸走”了优秀企业、优秀人才、优秀产业……

而地处珠三角的广州、深圳、东莞、佛山、中山、珠海等几个湾区城市过去在香港面前也显得渺小，一直跟在香港后面承接产业转移。香港的国际化优势和人才、科技、教育、金融实力远远超过内地，根本无法替代，也无法超越。但是，现在粤港澳大湾区的局面正在悄然改变。

一个城市的崛起，主要取决于三个方面：一是自身的文化底蕴，科技、教育和研发基础如何，能否把人才吸引来，来了靠什么留住？有几所世界百强大学，有几所世界一流大学？每年人才是净流入还是净流出？原因是主观的还是客观的？能不能为高端人才团队创建良好的创新创业环境和生活环境？二是经济实力、GDP 是多少，与龙头的差距有多大？科研和教育经费每年的投入占 GDP 的比重是多少？三是产业基础如何，有多少家世界 500 强企业，有多少家中国 500 强企业，有多少家行业领军企业，产业的竞争力如何？科技企业占比有多少？是否形成强劲的产业集群……

城市与城市的竞争最终靠的是实力。既有经济硬实力，也有人才、科技、教育、投资环境、区位优势这样的软实力。

从长三角地区来讲，南京有一大批国内顶尖的高校，东南大学、南京大学都非常优秀，还有南京航空航天大学、南京理工大学、南京工业大学、南京医科大学、南京师范大学等。而南京历史文化底蕴非常深厚，交通区位优势明显，经济实力也很强，还是省会城市，坐拥诸多行政资源、科研资源、教育资源。

如果说苏州、无锡还仅仅只是经济实力强，缺乏知名高校、人才匮乏，不敢“叫板”上海。那么，南京是最应该“跳一跳”的城市，软实力最接近上海，应该拥有更多的自信心。

上海是一条“大龙”，南京完全可以是一条“小龙”。南京的崛起可以带动安徽等中部地区的进一步繁荣。

……

苏州和南京的关系，与深圳和广州的关系类似。深圳是后起之秀，全面超越广州，并成为我国科技创新的典范。深圳成长路径为苏州的崛起指明了方向，苏州潜力无限，完全有望成为第二座深圳。

苏州是一个 GDP 超过 2.27 万亿元的超级经济城市，完全有资本比别的城市“跳”得更高，而不是那么“大家闺秀”，“躲”在上海后面，不好意思抛头露面。和苏州有关人士交流，一是苏州非常务实，虚的东西很少，紧紧抓住实体经济不放松；二是苏州安心做好上海的配角。苏州当地人讲，苏州市举办的活动从没有走出江苏省，有些看起来名头很大的国际性会议活动，实际上也是为招商配套服务的。

苏州的生物医药制造业、新一代信息技术、纳米技术、人工智能等核心产业，都实现了大幅增长。只要上海“盯上”的产业，苏州首先也会紧紧跟在后面。

苏州有很好的产业基础，最应该以国际视野来布局新兴产业。

培育新兴产业要有一个恒定不变的远景行动规划，不管领导班子如何调整，扶持这些新兴产业的政策都不能变，要保持政策的延续性和严肃性。对于一个看好的前沿性技术、产业、团队，要坚定扶持 5 年以上甚至 10 年，基本上就能开花结果。

我们做过测算，新兴产业从培育到产值上 10 亿元这个规模，一般需要 10 年左右的时间，个别情况也有 5～8 年的。很多地方在初期撒一点点“胡椒面”的做法，其实不利于新兴产业的发展。当然，对于政府扶持和培育的产业，完全可以采取风险投资的方法，前期有无偿性的扶持，后期评估以后就以风险投资、股权投资的模式进入。总之，要持之以恒，才能培育成一片“森林”。

目前，我国的很多高新科技的原创技术主要来源于国外。因此，要超前布局，盯紧世界一流科研机构，与他们的科研团队合作，引进一批、扶持一批、培育一批。

苏州现在最缺的是国际化、高水平的科研机构和国际一流的大学，国际化的科研人才团队、创新创业环境，这将直接影响到苏州经济如何从量的积累提高到质的飞跃。如果要求没有这么高的话，苏州现有的科技、产业、环境在国内已经是独树一帜了。

但是，苏州的低调有时候也注定了苏州的“被动”。从 3D 打印、机器人、人工智能、物联网、大数据，基本上看不到苏州超前的身影。比如今天的元宇宙，上海等地早就行动起来了，配套政策也出来了，还是看不到苏州的行动。

是苏州不重视吗？当然不是。

苏州重视的角度可能与大多数城市一样。等到这个产业更加清晰了、成熟了，或许苏州也不会掉队。

可能我们对苏州给予了太多的期待、太多的关注、太多的信心。每次新科技、新产业出现时，总希望苏州这样的超级经济城市能率先跟踪，率先发布行动方案，率先布局，率先冲在其他城市前面。哪怕前些年交点学费，走点弯路，多搞点科学普及，也是必要的。但是，一种观点认为，前面有“上海”这样的“大哥”往前冲就可以了，我们就跟在后面当“小弟”，就足够吃得饱饱的。

是上海带动了苏州、无锡、常州、南京？还是长三角地区这些城市反过来滋养了上海？这个问题见仁见智，我觉得相互促进，构成了一个区域生态、产业生态、城市群生态。在这个生态链上，不同区域的不同角色是不断调整变化的，而不是一成不变的。也许，若干年以后，其他城市在某些方面也有可能超越上海。

如果苏州在抢抓元宇宙等新兴科技的时候，更加积极主动布局的话，格局是完全可以改变的。因为任何改变都需要自身主动。而改变最好的时机就是产业初期，做好顶层设计、保持政策的连贯性、找准应用切入口，搭建公共服务平台，组建核心底层技术科研团队。一般 5 年时间就可以初见成效，10 年时间就可以成为“参天大树”。

不仅苏州对元宇宙的反应有些滞后，广州、深圳市级层面的政策也迟迟没有出来。

无锡过去在抢抓光伏、物联网产业方面还是出了不少“风头”，抢占了先机。后来光伏行业起伏太大，最早的那一批企业基本上都“倒”掉了，没有熬到现在。而新一轮光伏风口，新的机会诞生了新的创富。不过，无锡还是把物联网这个产业坚持、延续了下来，真是不容易。

如今无锡产生了 4000 亿元规模的物联网产业。

当然，投资也还是有风险的。投资基金一般有一个规律，投资 10 家企业，最终有一家企业上市，成本就可以全部收回来。所以，地方扶持新兴产业也一样，扶持 10 家企业，有一家企业最终成长起来，这钱就没有白花。只要程序公开、合法，没有个人利益参与其中，我们就不应该犹豫。物联网在人工智能、数字工厂、智慧城市、智慧医疗、可穿戴设备、元宇宙等领域拥有巨大的市场空间。如果没有 10 多年前的持续投入，无锡今天要去抢抓物联网产业，机会就会非常渺茫。据悉，无锡 2021 年物联网产值 3500 亿元，2022 年将达到 4000 亿元，2030 年就完全可以接近或超过万亿元规模。

再看看粤港澳大湾区，似乎走的是另外一条不一样的路线。

深圳是我国改革开放的产物，先是给香港、台湾地区做配套，后来逐渐形成强大的产业链和研发生产能力。最明显的是香港、台湾地区的经济实力、科研实力在减弱，深圳、广州等城市的经济实力、科研实力在保持高速增长，并同步带动了东莞、佛山、中山等周边城市的崛起。

2016 年，广东 GDP 首次超过 8 万亿元，深圳 GDP 首次超过 2 万亿元，广州 GDP 突破 1.98 万亿元。这一年，深圳首次取代了长达 27 年来广州 GDP 总量居广东第一的位置，同时也取代广州成为全国城市 GDP 排名第三的城市。

现在广州和深圳的差距已经接近 2000 亿元，下一步可能还有继续扩大的趋势。原因很简单，广州是省会城市，坐拥省会的诸多行政资源、科教资源、社会资源，还有大量的传统产业基础；而深圳从一个小渔村开始，在一张“白纸”上面“画画”，经过 30 多年的积累和培育，已经培养了华为这样产值近万亿元的企业和一大批配套产业，以及随着深圳经济强势崛起而辐射带动的新经济、新金融等产业。这些新兴产业没有历史包袱，思想解放，增长潜力巨大，与市场接轨，支撑了深圳经济的异军突起，且后劲十足。

但是，深圳的科研实力是不是已经达到超越香港，接近旧金山硅谷、纽约硅谷的水平？我们认为，还有不少差距。

香港拥有一批世界一流的大学、国际化的金融环境、国际化的创新创业环境，这是我们内地很多城市非常欠缺的。深圳的创新能力和创新环境在国内无疑是最好的，但是我们自主创新的产品还很少打开国际市场，国际规则还不是我们在主导、制定，甚至有些领域我们还不能参与。

深圳和广州在新科技、新产业领域，还应更加积极主动拥抱，抢占制高点。目前，深圳和广州缺乏世界级的大学和世界级的科研机构和国际化的创新创业环境，这将直接影响到其未来的发展后劲。

有人形容“老城市”暮气沉沉，说明“老城市”缺乏创新，缺乏活力。广州虽然是“老城市”，但还不是“老人”，广州也在奋力赶超。

说完深圳、广州，我们再来看看佛山、中山等中小城市。

佛山就在广州旁边，从广州市中心去佛山市中心，比去广州市下属辖区还要近很多，大概仅仅只有10多千米的距离。

佛山一直很尴尬，自身性格内向、低调，几乎没有存在感，很多外地人不知道佛山，或者以为佛山就是广州市佛山区。如果把佛山和广州、清远合并，做大广州都市圈；把惠州、东莞与深圳合并，做大深圳都市圈；把珠海、中山、江门、肇庆合并，做大珠西（珠江西岸）都市圈，也是一种很好的选择。把珠江东西两岸通过深圳–中山大桥串联起来，形成集约化优势，将改变整个湾区“小而散”的现状。大城市旁边的小城市不敢冒头、不愿冒头，缺乏存在感的格局就可能得到改变。

佛山紧邻广州，大量的中小加工制造业、专业商贸支撑了佛山强劲的产业经济。佛山小日子挺舒服，没有太多的发展压力。乃至每一项新科技、新产业来临时，佛山和其他很多低调的城市一样，不会冲在最前面，而是在等待时机成熟。因此，在佛山几乎找不到特别先进的产业集群。

中山是孙中山先生的家乡。因此，很多人都知道中山。但是，中山这个城市如果不是因为“孙中山”先生的大名，恐怕更没有存在感。现在深–中通道即将贯通，中山长期最受制约的交通大环境将彻底改变，到深圳机场用时不到半小时。

我一直觉得，中山是大湾区非常重要的洼地，具有很好的后发优势，中山完全有机会站在更高起点布局未来产业。关键看中山能否抓住新科技这一机遇期，做好战略性布局，实实在在地通过整合全球科技创新资源，实现破局。如果还是依靠传统的招商引资来壮大 GDP 这条老路，那么恐怕几年以后，中山最多经济总量上去了，产业竞争力、核心资源和城市竞争力还是落后。

元宇宙不一定适合每一个城市率先布局，但是，元宇宙等新兴科技对每一座城市、每一个产业的影响都不可忽视。

……

表面上看，我们好像是说不重视元宇宙的地方就是不注重新科技，就是没有超前意识……其实不能这样理解。

我们期待，经济发达地区应该保持对新兴科技的超强敏感度，率先布局，抢占制高点。

我们很多城市之所以刻意保持低调，并不是实力不允许，而是对新兴科技的看法和视角不一样。它们往往不愿意担当风险，而更看重成熟的产业。

低调是性格使然，是良好品德。但若想取得更大进步，则需要更多“担当”，更多责任感。今天，我们有必要思考：全球每两三年就会迎来新一轮科技浪潮，从 2012 年的 3D 打印、机器人、人工智能，到今天的元宇宙，为什么至今还没有哪一个城市形成了强大的产业集群？为什么每一轮新科技来临，我们都只是跟随，而无法超越？

第十一章

元宇宙发展再思考

希望我们的许多新兴产业扶持政策落到实处，真正发挥“科学普及、示范推广、科技研发、产业发展”的示范引领作用。

之所以新兴科技的特点是“新兴”，表明这个行业还没有成熟的商业模式和成熟的技术，还需要培育。既然培育就有一个培育的过程。

元宇宙的实质是“游戏”，核心是软件。

元宇宙不在远方，就在我们身边。我们的社区、医院、车间、商场、办公场所，都可以成为元宇宙的一部分。

我们通过对元宇宙的概念、商业模式、技术路线、国内外元宇宙企业的分析，对元宇宙总体有了比较全面的了解。

前面也对我国元宇宙如何发展提出了一些建议，如公共服务平台建设、专业人才培养、科学普及和示范推广、底层核心技术攻关等，这些都是新兴产业最基本的发展思路。

就这么一个看起来简单易懂、容易推广的建议，也未必就能够得到所有地方的认可。

我始终坚信，做企业一定要学会夯实自身实力，经历风雨就能够看见彩虹。我经常给几个公司的负责人讲，能够申请的政策我们去努力，申请不了的我们也没有遗憾，千万不要弄虚作假。

有些地方并不是真正重视新科技，他们还是依赖传统产业，对新科技的投入只是蜻蜓点水，做做“面子工程”。别看有些地方领导大会小会讲科技、讲创新，讲得头头是道，基本上都是空头支票，没有具体政策跟进。还有些地方的政策缺乏连贯性，不愿意持续投入，撒点“胡椒面”就不管了。

前些年在 3D 打印、机器人、人工智能发展初期，很多地方对这些新科技都非常热心，给予无限关怀，后来在发展过程中，发现新兴产业并没有想象中发展得那么快，产值也没有那么大，逐渐就失去耐心，后续的政策突然就没有了。

对于新兴科技，要坚持树立“扶上马，送一程”的理念，企业才能真正做大。一般五六年的持续投入和培育是正常现象。还有些地方，一边给予政策资金扶持，另一边又在高房租、高物业费等手段下，把政府扶持的资金间接收回去大半，搞得很多创业企业苦不堪言，也导致一些科技创业企业一两年就迁走了、关闭了。

还有一种情况是，地方领导变化频繁，前面领导引进和培育的项目，后面来的领导没有继续支持，而是引进了新的项目。这就导致很多前期引进和扶持的企业往往被搁在“半道”上，进也不是，退也不是，非常难受。就好比一个婴儿正在吃奶长身体的时候突然就把奶断了，让他自己去独立生活。或许这就是许多科技创业企业半路夭折的原因之一。

之所以新兴科技的特点是“新兴”，表明这个行业还没有成熟的商业模式和成熟的技术，还需要培育。

无论 3D 打印、机器人，还是元宇宙，还是未来其他新兴科技，不管东风还是西风，不管什么热潮，创业就是一场豪赌。创业成功的概率一般不会超过 5%，因此，我并不主张大家都去创业。与其创业还不如打工轻松一些，年轻人未必一定要创业。打工也可以发挥自己的长处，但是打工需要敬业，有责任感，能够理解做老板的难处。特别是新冠肺炎疫情导致大多数中小微企业亏损、倒闭，创业更加艰辛。

希望元宇宙这个新兴产业，地方政府能够结合本地实际，既要有前瞻性、全局性，又要客观、冷静地制定有关政策来推动元宇宙产业集聚。凡是签署的协议都要不折不扣履行，凡是认认真真做企业的、搞科研的、做应用的，都要坚定支持。要对引进和培育的企业多一些耐心、多一些支持、多一些包容。科技创业不容易，我们携手支持企业做大做强，产业才能成长，地方才能拥有稳定的税源。

最近，我们正在起草一份雄心勃勃的“元宇宙 2030 行动愿景”，下面把观点抛出来与大家交流，作为推动我国元宇宙产业发展的再思考。

元宇宙 2030 行动愿景

任何新兴科技在起步初期，都一定要加强产业集聚，才能快速形成行业生态和产业链，实现上下游资源整合。若将每家企业看成一个区块，若干上下游企业连接起来就形成了区块链。

元宇宙的实质是“游戏”，核心是软件。我们将创建（软件）开发者联盟和（内容）创作者联盟，推动行业生态建设和产业集聚。

总体目标是，到 2030 年：

联合地方政府着力打造的国际元宇宙小镇具有一定的全球影响力，拥有上千家上下游企业；

元宇宙引导资金突破 500 亿元；

园区产值突破2000亿元；

上市公司突破30家；

高新技术企业突破200家；

“专优特新”企业突破200家；

拥有数家元宇宙学院（产业学院），年培养学生上万人，科学普及人数达10万人次/年；

国际元宇宙产业大会成为元宇宙行业国际间最具影响力的盛会，并成为引领元宇宙发展的风向标。

这个数据、这个目标不是一般产业园区或地方政府就可以实现的。但是，如果没有地方政府的配套政策支持，我们也很难做到。任何一项新兴科技在发展早期，尤其需要行业生态建设，推动产业集聚至关重要。

希望有远见的地方政府与我们密切合作，携手推进“元宇宙2030行动愿景”。

我们着力打造的元宇宙小镇就是一个典型的梦想小镇、科技小镇、元宇宙全球化小镇，旨在重新构建社区关系和重塑人际交流。既有现实生活中的小镇场景、功能，也与元宇宙同步。鼓励小镇之外的人群随时随地加入元宇宙小镇，购物、社交、做生意、参加培训、参加会议展览等活动。

当然，我们也有很多重要的事情要做，主要包括以下几个方面。

一是高水平打造国际元宇宙产业大会，使其成为深化我国与国际元宇宙行业对话交流的重要平台。知道别人在做什么，我们在做什么，未来的趋势是什么，这一点非常关键，将有利于加强协作，融入全球元宇宙应用生态。这个生态就是一个区块链，每个企业都是其中一个区块，若干区块组合起来，就形成了庞大的区块链，也就是生态链。任何单个的个体都不足以形成这样的区块链。

表面上看起来是举办一场会议、一场展览，其实，其意义远远超过我们认知本身。政府采购企业的会展服务，是国家一直主张的会展模式，只是个别地方执行的过程中变调了。企业作为会展活动的主体，有利于会展活动更加专业、更加高效。

二是创建若干科普平台，促进示范应用。各级政府都有数字经济发展的若干政策，要在数字经济推进行动中增加元宇宙专项，将数字政府与数字元宇宙政策统一起来，鼓励企业与元宇宙紧密结合，探索更多应用案例和应用场景。

元宇宙不在远方，就在我们身边。我们的城市、政府、社区、医院、车间、商场、办公场所，都可以成为元宇宙的一部分。

三是从元宇宙教育和元宇宙文旅开始突破，实现全方位覆盖。从中小学开始就全面普及元宇宙知识，推广中小学元宇宙课堂；大学和职业院校要创建元宇宙学院（产业学院），在元宇宙上课，要鼓励老师和学生积极参与元宇宙内容开发，全面提升教育培训和教学质量，促进教育方式变革，从被动学习向主动学习转变。使我们的学生从小就成为爱思考、勤动手的思考者、内容开发者、创作者。

文旅行业作为最好的应用场景之一，其与元宇宙深度融合，将带来文旅行业千载难逢的转型升级机会，也将推动数字文旅行业传播方式的创新。在元宇宙的世界里，任何文旅场景都可以被利用、被渲染、被传播，从而打破时空、区间的限制。以各种文旅场景为题材的作品将在元宇宙的世界里得到大量植入和广泛推广。

从教育、文旅、文创入手，逐步向工业元宇宙、生活元宇宙、社区元宇宙、商业元宇宙、健康元宇宙、建筑元宇宙等领域拓展。

四是国家层面需要做好顶层设计，将元宇宙纳入数字经济总体方案中，分步实施。鼓励清华大学、北京大学、中国科技大学、中国科学院大学、浙江大学等一批计算机实力强大的高校，以及电信运营商、技术企业、应用企业牵头，组建围绕算力、算法、区块链、人工智能、人机交互、物联网等若干技术应用的联合实验室和研究机构，夯实元宇宙底层技术基础，赋能元宇宙行业发展。

五是通过 5G、6G、量子通信技术，抓一批有代表性的应用案例和应用场景推广。围绕工业互联网，抓一批工业元宇宙项目作为示范；围绕数字文旅、智慧文旅，抓一批文旅元宇宙项目推广和场景开发；围绕教育培训，抓一批教育元宇宙项目；围绕数字医疗、智慧医疗，抓一批医疗元宇宙项目落地；在全国主要大城市，推进科技馆与元宇宙结合，率先开发出科普元宇宙示范项目。

第十二章

产业政策需要连贯性

新科技、新模式，看起来十分美好，却满身带“刺”。

今天的元宇宙给了我们无尽的想象力。

从不懂到懂，从参与到引领，这是一个漫长的过程。

今天，我们来看元宇宙，机会恰到好处。稍早了温度还没起来，我们要花大量的时间去做科普；再过几年，可能我们很难介入。市场格局一旦形成，我们连跟随的机会都没有，更别说超越。

元宇宙的突然爆发，是外在的和内在的诸多因素叠加的结果。其核心还是互联网正处于深度变革中，5G、6G、量子通信技术的出现，使互联网传输速度出现了前所未有的突破，区块链、人机交互、人工智能等技术倒逼互联网从内容到架构发生新的变革。而人们的阅读习惯、自媒体的发展都在催生互联网的不断迭代。

20 世纪 90 年代初期，我在做记者的时候还习惯手写新闻稿。虽然计算机已经诞生了，已有一些作家和记者开始使用计算机创作。记得还有人冷嘲热讽，某某是靠计算机写作，意思是说文章不是自己写的。当时持这种观点，是因为无知，觉得只要用上计算机，就可以不用思考、不用动脑筋了，计算机就帮我们写出来。后来，用了计算机才发现，计算机并不能帮我们思考，也不能帮我们写作，只是我们写作的工具而已。

20 世纪 90 年代末期，房地产刚起步的时候，靠一张图纸就可以搞房地产开发，先收买房人的钱，再找地方政府拿地。那时候拿地还不需要“招拍挂”，大家议价就可以。买地也不是付全款，可以分期支付。建筑方也不需要付全款，可以垫资。

后来，真正懂点事儿还是 40 多岁。所以，我一直觉得大多数人事业起步还是要从 40 岁开始，阅历逐步丰富起来，见的市面多，经历也不少，懂规矩，最适合干事业。过去几十年看到机会一个个错过，心中不免有些遗憾。到了 2013 年，“3D 打印推动第三次工业革命”席卷全球的时候，我决定一定要抓住这个机会。这算是我第一次“游泳”，但“扑通”一声跳下去，直接就到了深水区，方才发现自己水性根本没有那么好，差点上不了岸。原来，做实体的难度远远超过搞产业研究。

创业做实体是人生中最艰难的选择，每一分钱都是自己辛辛苦苦挣来的。可是要想把花出去的钱挣回来，却充满无数的变量。

创业就好比一场赌博，当你坐上牌桌的时候，没有谁想输，即使并不在乎赢的人，也并不愿意输。但是，一旦坐上牌桌就只有两种选择，不是输，就是赢。因此，做企业的人每天都是靠信心支撑。

憧憬未来，永不放弃，成为大多数人一生的信条。在 2008 年金融危机之后，时任总理温家宝曾经说过一句话，让我们倍感亲切——“信心比黄金和货币更重要”。

有信心总比没有信心好。要是没有了信心，所有的愿望就落空了。但是，要主动拥抱新科技就难免不会遇到挫折，但并不是每个人都那么幸运，都能够从挫折中奋起。

新科技、新模式，看起来都十分美好，却满身带“刺”。

想想人的一生，都不容易。尤其是我们这一批 20 世纪 70 年代出生的中年人，并不比我们的父辈们轻松多少。他们艰辛，只为一家人吃饱饭，孩子们能够上得起学。而我们这一代之所以很苦，是因为要把几代人才能完成的目标任务在短短十几二十年就实现，其难度可想而知。我从小就知道我的人生目标是走出农村，走出大巴山，走到大城市。要么当兵，要么考学。在那个经常吃不饱、穿不暖的年代，我总是经常因吃不饱而体力不支，晕乎乎的。学习成绩也不怎么样，梦想却总是牢记心中。后来艰难地打工、艰苦地写作，再回到学校；后来当记者，再后来不断挑战自我。从巴中到成都再到北京，每步都“惊心动魄”。到了大都市，要靠自己的本事站稳脚跟，还要有一份自己的事业，给孩子创造一个美好的未来。

我们总在改变，为了生计，为了更好地适应这个时代带来的新的挑战。

新兴科技一波又一波来了，给我们这些总是渴望不断改变的人群带来了新的机遇与诱惑。

我很荣幸参与进来，主动拥抱新科技。

2012 年我被“3D 打印”吸引。

那个时候全世界都在议论 3D 打印，3D 打印究竟是什么，做什么，是推动第三次工业革命的新科技，还是资本家收割“韭菜”的工具？我被好奇所吸引，联合清华大学、北京航空航天大学、华中科技大学、中国科学院系统的 10 多位专家教授和企业发起创办了中国 3D 打印技术产业联盟，一头扎进了 3D 打印领域。连续举办了六届世界 3D 打印技术产业大会、两届世界机器人及智能装备产业大会；出版了《中国 3D 打印的未来》《3D 打印 3.0 时代》

《机器人 2.0 时代》《重新定义健康产业》和《3D 打印基础教程》等专著，发表了大量的研究报告，也创办了两家国家级公共应用服务平台、两家国家高新技术企业。

在推进过程中，我总结了 3D 打印产业发展的三点思路：一是促进 3D 打印与传统产业深度融合；二是加强人才培养；三是深化国际交流与合作。我创建了三家公司，实现了很多“行业第一”，围绕示范应用、科学普及、人才培养、国际交流做了大量的工作，对行业发展起到了重要的推动作用。

我原来准备在全国建设一二十个这样的公共服务平台公司，为行业的大范围推广提供科普、示范应用。没有想到，这个美好的愿望推进起来并不顺利，仅仅一个青岛公司就让我差点“爬不起来”。上百号员工，每个月支出七八十万元，而收入还不足百万元，当初购买的设备，有很多价格太贵，用不起来，设备稳定性也不好。到今天为止已经有七八年时间了，好几台设备动辄几百万元，还都没有开过机。回头来看，阻碍 3D 打印技术快速发展的关键因素主要是设备和材料成本太高，设备精度不够，专业人才短缺，部分领域难以替代传统技术工艺等。

后来在苏州公司推进过程中，也遇到了不少困难。开发区领导调整以后，对原来签署的协议要单方面修改，这是我始料未及的，没有想到苏州还会发生这样的情况？真是屋漏偏逢连夜雨。如果我一开始不是从行业生态建设布局公共服务平台，而是选择从产品或技术入手，我相信企业面临的困难和压力就不会这么大，也不会走这么多弯路。而一些地方政府对新科技的培育缺乏连贯性和耐心，急于求成，不利于行业健康发展。

尽管今天，3D 打印技术已经在很多领域得到广泛应用，行业生态已经基本成形，国产设备和技术发展也突飞猛进，但是我们和国外的差距并没有显著缩小，我们没有原创技术，我们不是在模仿，就是在模仿的路上。

我很荣幸较早参与到我国 3D 打印浪潮中，并推动了这个行业的发展，也与这个行业一同成长。虽然交了不少“学费”，也从中学到了不少东西。特别是如何做企业，如何开发市场，如何建设团队，如何从逆境中重新站立起来。

从 2016 年到 2020 年，可以说是我事业上最为艰辛的五年。至此，我发现前面所做的很多基础性的工作开始逐渐有了效果，3D 打印这个行业开始快速发展，而我和中国 3D 打印技术产业联盟阶段性的任务已经完成，我必须开始调整自己的定位。

后来，广东兰湾智能科技有限公司在继续发挥公共服务平台作用的同时，开始聚焦产品，实现了全球首个 3D 打印批量化定制，与全球最大的高尔夫球具生产企业合作，利用 3D 打印技术实现高尔夫球具轻量化改造。仅仅一个产品就做了几百万套，现在已经进入第二期新产品量产阶段。2021 年，该公司又配合美国的几家龙头企业布局元宇宙产品，对 VR 头显、AR 眼镜实施轻量化设计和批量化定制。同时，该公司与权威康复医学专家合作，自主研发的兰湾足行 3D 打印定制鞋垫成为公司主导产品，为马拉松、网球、篮球等运动群体提供定制鞋垫，帮助他们在运动中保护足弓不受伤害，减轻足部疲劳，有效降低足部压力；帮助扁平足、高弓足群体调节足弓，拿到了医疗器械认证、发明专利等。由于定位清晰，科技含量高，该产品非常受运动群体和扁平足群体的欢迎，这让我们逐步认识到“小产品、大市场”的意义。

我国仅马拉松和网球群体就高达 1 亿多人，每年举办各种马拉松比赛 1200 多场。扁平足、高弓足群体大概在 3 亿多人，平均每 10 个人中就有 2～3 个人是扁平足或高弓足，而且扁平足、高弓足具有遗传性。国外一双定制鞋垫价格在 2000 元到 20000 元，而广东兰湾智能科技有限公司将一双定制鞋垫的价格做到了 200～2000 元，我坚信这个大市场被发掘出来了，今后广东兰湾智能科技有限公司的定制鞋垫完全可能创造奇迹，可以轻松实现几亿元乃至几十亿元的收入。

2015 年前后，受工业和信息化部装备司委托，我联合哈尔滨工业大学、清华大学、中国科学院的专家教授和行业龙头企业发起成立了中国机器人产业创新联盟，举办了两届世界机器人及智能装备产业大会，出版了《机器人 2.0 时代》，发表了大量的研究报告。后来，我在研究过程中发现，尽管我国机器人产业起步较早，但是在三大核心零部件（伺服电机、控制器、减速器）领域仍然依赖进口。于是，我们将中国机器人产业创新联盟更名为国际机器人及智能装备产业联盟。在推进工作过程中，我发现随着人工智能技术的完善和成熟，机器人的外延和内涵已经发生改变。我们所说的机器人，诞生半个世纪以来，还仅仅只是自动化机器，根本谈不上“机器人”。我重新提出了“机器人”的概念，机器人是由“机器”和“人”两部分构成，“机器”是指“自动化的装备”，“人”是指人工智能。自动化机器与人工智能结合，就构成了真正意义上“机器人”的概念。

而“机器人”诞生的这半个世纪，我们称之为“机器人 1.0 时代”，随着人工智能的崛起，我们将很快迎来“机器人 2.0 时代”，即智慧机器时代。正巧波士顿动力公司开发的系列机器人闪亮登场，其能够在凹凸不平的路面上找平衡，能够自己上楼梯、出门丢垃圾，能够适应许多非固定模式的挑战。这更加坚定了我的信心。针对我国机器人发展路线，我提出了不同意见，我们应该考虑到人工智能对机器人的影响。传统的机器人产业还在继续攻关“伺服电机”“减速器”“控制器”三大核心零部件；而机器人 2.0 时代，传统的三大核心零部件已经不再是“核心”，应该更加注重人工智能，否则我们不仅输了机器人 1.0 时代，还会继续输掉机器人 2.0 时代。

今天回头来看，我国机器人产业之所以发展缓慢，与我们的发展思路滞后是有一定关联的。对于波士顿动力公司我非常看好，可以说其代表了智慧机器人的最高水平。如果达芬奇医疗机器人代表了微创手术机器人的最高标准，那么波士顿动力公司开发的机器人无疑将是机器人 2.0 时代的典型代表。

波士顿动力公司是由美国马克·雷博特于 1992 年创建的一家工程与机器人设计公司，最早因研发的 Big Dog 机器人而闻名世界，而后每年都在实现新的技术突破。但是由于该公司重视技术创新，忽视了商业应用，效益没有起来，于 2013 年被谷歌收购并入 Alphabet 旗下，而后又在 2017 年被日本软银收购，2020 年又被韩国现代汽车收购了 80%的股份。该公司发布了 BigDog、LittleDog、PETMAN、LS3、Atlas、Spot、Handle 等多个机器人，分别从机械结构、算法步态控制、动力系统耗能等方面进行更新迭代。

不得不说，我们遇上了一个好的时代。科技日新月异，创新浪潮一轮胜过一轮。几乎每两年就会有新一轮科技在全世界爆发，其实这些技术已经诞生了很多年，但是一直没有成为全球共识，或许是因为没有取得技术突破，也或许是因为应用没有打开市场。

对于 3D 打印、机器人，我算是抓住了机会，也参与其中。由于前者牵涉了我太多经历，乃至在机器人领域，我除了举办过两届世界机器人及智能装备产业大会，发表了大量研究报告，出版了《机器人 2.0 时代》，几乎没有精力在这个领域有过多作为。这是让我非常遗憾的事情，其实机器人这个领域完全可以做得更好，全国各地都在推动“机器换人”计划，加强传统企业的自动化改造，市场需求巨大。

关于游戏元宇宙的发展，21 世纪经济报道记者给我发来采访提纲，我书面回答了记者的提问，下面将我的观点分享给大家！

记者：我们梳理发现，国内游企巨头们纷纷通过投资半导体/云计算/VR 硬件公司、成立 XR 部门、申请“元宇宙”商标等行为靠近元宇宙，您认为应该如何定义元宇宙游戏的范畴？

罗军：元宇宙是通过 VR、AR 与人工智能、人机交互、区块链等众多新科技融合的产物，是与现实世界保持及时链接的虚拟世界。元宇宙具有两大特点：一是沉浸感，二是交互感。所谓沉浸感就是通过 3D 渲染、数字人、数字孪生等技术手段，使其实现虚拟环境更加逼真；而交互就是参与、互动。

游戏是一个传统的、成熟的产业，很多互联网巨头企业都布局了互联网游戏娱乐领域。腾讯公司 2020 年财报显示，2020 年全年腾讯营收 4820.64 亿元，其中游戏业务收入高达 1561 亿元。由此可以看出，游戏是高收入、高利润、高回报行业。

而元宇宙具有的“沉浸感”对传统游戏娱乐行业具有很好的赋能作用，其使虚拟环境变得更具真实性，更有体验感和亲切感。“元宇宙游戏”准确的说法是“游戏元宇宙”，把游戏这个业务植入元宇宙空间。将过去 PC 端、移动端、互联网端的游戏业务嵌入元宇宙世界，从而促进传统游戏行业的转型升级。

记者：您认为为何市场普遍认为游戏领域是元宇宙技术最先能够广泛应用的行业？

罗军：由于元宇宙自身具有的沉浸感对游戏娱乐行业的辐射带动作用非常明显，使游戏体验和交互效果有了新的突破。而游戏娱乐行业的特殊性决定了环境和交互对其的决定性影响。因此，最早与元宇宙结合并率先得到应用推广的是游戏娱乐和社交行业。

记者：元宇宙游戏想要落地，您认为目前需要克服哪些挑战？

罗军：一是游戏的内容本身要有足够吸引力、要有特色。元宇宙只是加分项，不是决定项；二是进入到元宇宙空间，游戏的沉浸感和交互感主要来自3D 渲染、捏脸、数字人、数字孪生、人机交互、人工智能、物联网等技术手段，对专业性要求很高，要有这方面的专业人才支撑；三是元宇宙生态没有建起来，很多节点都是“断头路”，需要打通行业生态链接；四是游戏进入到元宇宙，需要上下游企业的协作，而不是某一两家企业就能够实现的。

记者：我们关注到，元宇宙游戏股 Roblox 上市后亏损进一步扩大，细看财报发现其收入翻倍的同时，销售成本、开发者交易费用、基础设施信任与安全费用、研发成本全都翻倍，且这几个项目在收入中占比均超过 20%，最终导致净亏损也翻倍。您认为 Roblox 遇到的问题是否能代表行业的普遍瓶颈？其他游戏企业是否也会遇到虽然产品落地了，但是开发、运维和创新等技术成本过高导致无法盈利的情况？

罗军：传统游戏是成熟的产业，配套能力很强，产业生态是完整的，但是元宇宙空间还没形成，产业生态还不完善，配套协作能力也欠缺。游戏行业不能仅靠元宇宙这个概念来激活，还需要实实在在的内容和手段。很多以元宇宙为概念的游戏等产品实际上还不是真正的元宇宙产品，或者元宇宙特色还不够。尽管游戏元宇宙已经取得了不同程度的进展，但是整体上还不够成熟，导致推广成本高、开发者成本高，研发费用大幅增加。当前，Roblox 遇到的问题应该是代表当前起步初期行业的普遍现象。游戏元宇宙领域盈利是完全存在的，因为大多数用户要求没有这么苛刻，毕竟有了一定程度的沉浸感和交互功能以后，游戏已经更具吸引力。

记者：您认为元宇宙游戏想要实现商业盈利，有哪些关键条件？

罗军：一是专业人才，如 3D 渲染、数字人、数字孪生、交互等技术和功能要跟得上，没有专业人才是很难达到元宇宙效果的；二是建立行业生态，增强上下游配套协作能力；三是游戏内容本身要有吸引力，内容要不断创新。

记者：与企业单打独斗、独立发展相比，您认为产业园可以起到怎样的作用，帮助元宇宙游戏从商业落地迈向真正的盈利？

罗军：产业园实质是产业集聚，能够发挥行业协作的效果，有龙头企业和平台示范带动，有很强的配套协作能力，可以实现上下游资源有效整合。产业园还要做好顶层设计，引领和服务园区企业，在配套协作方面下功夫，并给予相应的政策引导。

记者：上海发展元宇宙游戏，或者说“元游戏”，您认为需要提前规避哪些合规风险点？

罗军：游戏是一个特殊行业，具有“赌博”的属性，需要政府予以规范和引导。特别是进入到互联网、元宇宙的游戏项目更应制定好规则，结合互联网和元宇宙的特征，及早规范。

记者：元宇宙骗局陷阱多，您认为普通百姓应该如何识别骗局并加以规避和防范？

罗军：元宇宙是一个新兴的产业项目、互联网项目，还有很多功能没有发挥出来，人们对元宇宙的认识还非常模糊。个别企业以元宇宙的名义行骗是难以避免的，主要涉及几个方面，要引起注意：第一，元宇宙里面的土地、房产等虚拟资产的销售应该严格约束，虚拟商品交易应该严格规范；第二，元宇宙里面流通的数字货币只能是人民币，不能使用和流通其他加密货币和其他虚拟货币；第三，对元宇宙这样的新事物要多一些认知，多学习。

记者：其他在元宇宙游戏产业链发展的议题上，您觉得还有什么未提及，但是值得关注和讨论的话题？

罗军：现在是利用元宇宙来促进传统游戏行业转型升级的最佳时机。但是，元宇宙整体上还处于刚刚起步阶段，产业生态没有建立起来，行业标准缺失、技术路线不清晰，人才参差不齐，上下游配套能力薄弱，游戏元宇宙将是一个渐进式的发展和培育过程。我们还要做好很多基础性工作。

……

今天的元宇宙给了我们无尽的想象力。从不懂到懂，从参与到引领，这是一个漫长的过程。我乐于从产业的角度去研究和分析一个新兴产业，寻找最底层的逻辑关系。

一张白纸摆在面前，一个行业协会如何去推动一个新兴领域的崛起，这样的挑战是自找的。找到支点就可以撬动地球，当然也就可以撬动元宇宙。

这几天，我看到媒体对沙特阿拉伯（以下简称沙特）“2030 愿景”的报道。都说沙特富得流油，沙特是全球“最土的土豪”，除了石油还是石油。这是老天给予的恩惠。但是，油价一旦下跌到 50 美元，可能沙特的财政就会出现亏损。20 世纪 90 年代，沙特就连续多年出现财政赤字。要想改变单一的财政收入来源，就必须大刀阔斧地改革，培养新兴经济和新兴产业，于是就有了雄心勃勃的“2030 愿景”。

尽管这一愿景遭到了不少人的嘲笑，但是对沙特国家战略来说，还是很有意义的，没有远虑必有近忧。

今天，我们来看元宇宙，机会恰到好处。稍早了温度还没起来，我们要花大量的时间去做科普；再过几年，可能我们很难介入。市场格局一旦形成，我们连跟随的机会都没有，更别说超越。

最近，我正在起草一份“元宇宙中国 2030 行动方案”，希望从另一个角度去搭建我国的元宇宙行业生态，促进元宇宙产业健康发展。

附录 A

上海市培育“元宇宙”新赛道行动方案（2022—2025 年）

为着力强化新赛道布局，培育壮大发展新动能，更好助力上海国际数字之都建设，制定本行动方案。

一、总体要求

（一）基本原则

尊重规律、分步推进。把握“元宇宙”虚实映射、虚实交互、虚实融合的演进规律，重点加强前沿技术突破、前瞻领域布局，推动产业整体健康有序发展。

集成创新、联动发展。把握“元宇宙”群智赋能、跨界融合的基本特征，发挥“元宇宙”的叠加、倍增、放大效应，带动数字技术、数字产业实现跳变和跃迁。

价值引领、效果导向。把握“元宇宙”以虚促实、以虚强实的价值导向，立足提升实体经济生产效率、满足人民群众美好生活需要，推动经济高质量发展。

市场主导、政府引导。把握“元宇宙”需求牵引、市场驱动的发展逻辑，充分激发多元市场主体的想象力和创造力，共同营造良好发展生态。

包容审慎、防范风险。把握“元宇宙”在发展中规范、在规范中发展的治理要求，营造包容开放环境，建立相关规则体系，防范安全风险和行业乱象。

（二）主要目标

产业综合优势显著增强。到 2025 年，元宇宙相关产业规模达到 3500 亿元，带动全市软件和信息服务业规模超过 15000 亿元、电子信息制造业规模突破 5500 亿元。

创新主体活力竞相迸发。培育 10 家以上具有国际竞争力的创新型头部企业和“链主企业”，打造 100 家以上掌握核心技术、高能级高成长的“专精特新”企业。

示范赋能效应充分显现。围绕城市数字化转型，打造 50 个以上垂直场景融合赋能的创新示范应用，推出 100 个以上引领行业前沿的标杆性产品和服务。

产业发展生态持续完善。推动建设各具特色的元宇宙产业园区，打造一批创新服务平台，加快元宇宙产业人才育引，优化生态环境。

二、主要任务

（一）产业高地建设行动

1．关键技术。突破关键前沿技术。聚焦空间计算、全息光场、五感提升、脑机接口等方向，突破人机交互瓶颈。加快微型有机发光显示（Micro-OLED）、微型发光显示（Micro-LED）等新型显示技术研发应用。聚焦光波导、光纤扫描等近眼显示技术和柔性、类肤等新材料，提升沉浸交互体验。提升计算平台效能，推动图形处理器（GPU）、专用集成电路（ASIC）、可编程逻辑阵列（FPGA）等计算芯片和 RISC-V 指令集架构芯片的研发。强化大尺寸图像压缩、实时图形渲染、资源动态调度等计算技术研发。加强算法创新与应用，加快对抗生成网络、超大规模预训练模型等技术在图形引擎、动态建模、数字孪生等领域的融合应用。

2．基础设施。超前布局未来网络，加快推进“双千兆”网络建设，培育 5G+、6G、卫星互联网、Wi-Fi 7、IPv6 等未来网络生态。加大计算能力支撑力度，推动云边一体布局、算力自由调配、云端实时渲染的新型云计算和边缘计算平台发展，培育基于容器化、开发运维一体化等技术的云原生应用。加快发展人工智能即服务，依托大规模公共算力集群建设，全面推进人工智能产业化、规模化应用。发展区块链应用，探索 Web 3.0 技术研发和生态化发展，推动分布式存储、可信认证、隐私计算、智能合约等融合应用。

3．交互终端。加快发展虚拟现实终端，支持虚拟现实一体机、PC 虚拟现实设备等技术升级，面向娱乐社交、沉浸影音、教育培训等领域培育差异化终端产品。迭代升级增强现实终端，推动增强现实、混合现实终端向低功耗、小体积、大视角、可变景深方向发展，加强从底层到应用全链条布局，培育增强现实、混合现实消费级产品及行业级解决方案。着力突破全息显示及体感终端，支持浮空投影、裸眼 3D、空间成像等全息显示技术研发及产业化，推动体感设备向低成本、高性能演化。

4．数字工具。发展关键基础软件，面向智能终端和云边协同设备，支持开发具备云端实时渲染、分布式内存计算、轻量级容器管理等功能的智能操作系统和中间件。突破数字生产工具，集中攻关三维图形图像引擎、数字建模、数字设计、数字人生成等“元宇宙”关键生产力工具，提升核心软件和行业平台供给能力。培育集成解决方案，围绕重点行业应用需求，着力发展城市信息模型、建筑信息建模、数字孪生、数字沙盘仿真等行业级解决方案。

（二）数字业态升级行动

5．虚实交互新商业。加快推动数字会展，鼓励打造云上展厅、数字化展厅，提供无边界、沉浸式展示服务，促进多人同屏互动、在线社区、语音和动作实时交互，提升展览展示的参与感、体验感。发展全景导览服务，鼓励场馆打造虚拟全场景导览应用，提升室内导航、商业导购、泊车寻车体验。创新线上购物体验，融合沉浸式、数字人等技术，提升直播带货、虚拟购物体验，拓宽线下商业运营模式。

6．虚实交互新教育。建设虚拟课堂，围绕教学实训、数字教室、空中课堂、素质教育等教学场景，探索多点协作教学、远程互动教学、课后效果评价等融合应用。研发新型教学产品，支持基于教育数字基座，研发各类数字孪生校园、虚拟现实课堂、数字教师。赋能职业培训，鼓励面向医疗、生产、安防、运维、建筑等领域，以扩展现实技术开展职业技能培训和仿真实践。

7．虚实交互新文旅。开发元旅上海新模式，运用数字人讲解、增强现实导览等技术，围绕历史文化风貌区、博物馆、艺术馆、游乐园等地标性建筑和景点，拓展全景旅游等新模式。促进虚拟演艺赛事发展，引导全息投影、体感交互等技术与赛事、演唱会、音乐会等结合，打造沉浸式“云现场”，升级传统演艺赛事体验。

8．虚实交互新娱乐。发展元游戏，支持运用云渲染、人工智能、区块链等技术，研发制作可编程、再开发类游戏产品；着力培育一批品牌号召力强、具备国际竞争力的原创元游戏。培育元社交，鼓励发展具备实时互动、多人参与、沉浸体验的新型社交平台；支持虚拟形象、数字空间、数字创作等社交工具研发和产业化。赋能影音制作，鼓励运用虚拟实景搭建、特效实时渲染、空间声学仿真等技术，提升电影、电视、动漫、音乐等行业生产效率。

（三）模式融合赋能行动

9．虚实融合智能制造。打造数字孪生工厂，支持建设高精度、可交互的虚拟映射空间，对工业制造全环节进行建模仿真、沙盘推演，实现各环节协同和生产流程再造。推广生产协作工具，支持集成扩展现实、多维仿真等技术的虚拟生产协作平台在工业制造领域的应用，实现产品仿真设计、测试验证和优化、运维巡检、远程维修、资产管理等方面的应用。

10．虚实融合医疗健康。鼓励元诊疗，建设医疗三维辅助诊疗平台，优化术前规划与术中导航等解决方案；推广基于扩展现实的心理疾病“数字疗法”和沉浸式远程康复应用。赋能医学研究，支持运用增强现实、虚拟现实等技术在视觉诊疗、近视防治等领域开展临床研究；鼓励结合微观三维成像、分子模拟等技术，在新药研制、病理研究等领域实现突破。

11．虚实融合协同办公。培育无边界办公平台，鼓励运用虚拟化身、场景交互、空间渲染等技术研发虚拟办公平台，实现文档、设计、数据实时协同。发展元会议室，打造体验更真实、互动更便捷的数字办公新空间，满足不同场景混合办公需求。鼓励线上会议向多维化、场景化、规模化发展。

12．虚实融合数字城市。建立城市数字沙盘，推进城市数字孪生体建设，加快虚拟空间和现实世界的全面连接和高度协同，提升城市治理科学性。强化风险应急管理，鼓励利用“元宇宙”技术对城市风险进行高精度动态模拟与实时持续监测，提升城市应急处置能力。提供智能化政务服务，建设虚拟综合办事大厅，开发场景式服务导航。打造数字人办事窗口，实现 24 小时在岗服务，提升办事体验。

（四）创新生态培育行动

13．创作者经济。加强 IP 培育与保护，做优做强动画动漫、影视影音、网络文学、潮流周边、游戏电竞等原创品牌，加强数字产品、数字创意知识产权保护。培育创作者群体，推动创作主体集聚，支持发展专业用户生产内容（PUGC）、职业生产内容（OGC）、多频道网络（MCN）等生产新模式。

14．数据流通要素。培育数据产品和服务，壮大一批具有核心技术的“数商”龙头企业，引育一批具有市场影响力的数据交易主体和平台，深化公共数据开放，健全数据产业生态。完善数据要素市场，深化上海数据交易所建设，建立数据要素的价值体系和发现机制，构建数据定价、分配、监管等市场运行规则，推动数据要素有序流动。

15．标准规则体系。加快标准制定，支持企业、科研机构参与国内外标准制定，聚焦数据、接口、平台、代码，完善相关标准和连接协议，实现标准的通用性和一致性。完善行业规范，加强近眼显示、终端产品对健康影响的研究，完善检验检测标准；探索虚拟数字身份和价值体系构成，研究数字身份、数字资产的跨界流通。

三、重点工程

（一）“元宇宙”关键技术突破工程

聚焦未来网络、智能硬件、终端系统级芯片、元器件、核心软件等重点方向，组织开展联合攻关和揭榜挂帅。鼓励在沪国家实验室和科研机构加大投入力度，力争形成一批具有引领性的基础理论成果。支持领军企业研制 3D 建模、计算机辅助设计、图形图像引擎等框架工具，以开源开放为导向，逐步扩大开发者群体。推进“东数西算”枢纽节点建设，打造一批国家级绿色数据中心集群。

（二）数字 IP 市场培育工程

在上海数据交易所试点开设数字资产交易板块，培育健全数字资产要素市场，推动数字创意产业规范发展。逐步完善数字资产、数字艺术品、数字影视版权等合规交易机制，加强风险监管，探索数字人民币应用。探索建立多方参与、互联互通的数字创意联盟链体系。支持原创内容平台、交易平台及艺术家参与全球数字艺术品创制交易及国际标准制定。

（三）工业“元宇宙”标杆示范工程

聚焦航空、汽车、核电、生物医药等领域，培育一批市级“元宇宙+工业互联网”试点示范场景。支持企业建设基于多维感知、实时逆向建模等技术的智能制造孪生平台。推动高校、科研机构、企业共同打造产学研用协同创新平台。研究工业领域“元宇宙”标准规则，推动数据、协议、规则统一，实现互联互通。

（四）数字人全方位提升工程

着力突破高速动态建模、人体驱动框架、高精度数字场景创建等关键技术，推动数字人的采集、制作流程逐步简单化、一体化、自动化。支持运用计算机视觉、自然语言处理等人工智能技术，改善人机智能交互体验。加强供需对接，促进数字人在数字营销、在线培训、电商直播、影音娱乐、服务咨询等多场景的应用。

（五）数字孪生空间建设工程

培育城市数字空间运营商，整合公共地理空间数据采集、运营、管理，逐步完成城市基础设施数字孪生工程。鼓励社会力量通过市场化运作，开展场景级、部件级城市数字空间运营。聚焦城市观光、医疗协作、教育共享、交通运输等领域，推动长三角区域合作开发跨空间、沉浸式应用。探索形成统一开放的数据接口、底层平台和连接标准，推动各类物联感知数据实时接入。

（六）行业龙头企业引育工程

聚焦关键技术、基础设施、智能终端、数字工具和集成应用等领域，培育一批拥有自主知识产权的“硬核”科技企业。着力吸引一批新型头部企业和行业领军企业来沪发展。开放城市数字化转型典型场景，集聚一批综合集成能力强、产业链上下游话语权大的“链主企业”。鼓励运用“元宇宙”技术，创新招商引资和投资服务模式。

（七）产业创新载体培育工程

在关键技术领先、行业应用丰富、领军企业集聚的区域，布局一批市级“元宇宙”产业创新园，升级一批市级特色产业园区，加快推进园区周边交通设施、人才公寓、生活服务设施配套等建设。支持企业、科研机构等联合成立“元宇宙”行业组织、公共服务平台及人才培养基地。鼓励本市高校发挥学科融合优势和科研引领作用，建设“元宇宙”技术应用研究中心。

（八）数字空间风险治理工程

加强未来网络、云边计算、智能交互终端及数字基础设施的内生安全，保障海量数据的存储、传输和使用。强化“元宇宙”领域法治建设，在数字成瘾、内容安全、个人隐私等方面推动研究相关法律法规。加强市场监管，夯实“元宇宙”数字空间平台主体责任。打击违法违规活动，防范金融领域过度投机、恶意炒作等现象。

四、保障措施

（一）强化组织领导

依托上海市数字化转型工作领导小组，围绕“元宇宙”产业发展遇到的问题瓶颈，加大整体推进和综合协调力度，实现跨区域、跨部门、跨层级协同联动。成立“元宇宙”产业发展专家咨询委员会。建立企业联系制度，加强“元宇宙”行业运行监测和统计分析。

（二）加强资金保障

发挥各类专项资金作用，加大对“元宇宙”关键技术、重点工程和产业发展的保障力度，依法依规综合利用投资补助、贴息等手段，支持技术研发和科研成果转化。发挥政府投资基金作用，引导社会资本支持“元宇宙”产业发展。设立“元宇宙”新赛道产业基金。支持符合条件的“元宇宙”创新企业依法依规在境内外上市。

（三）加快人才育引

按照重点产业人才相关规定实施人才奖励，鼓励“元宇宙”相关高层次人才、技术人才、创作人才等在沪创业就业。用足用好应届毕业生落户以及外籍人才永久居留等政策，加大领军和青年人才引进力度。支持高校增设“元宇宙”关联学科，推进产学研用主体联合开展技能培训。

（四）打响品牌特色

加大对创新企业、产品、服务、平台及标杆应用的总结宣传力度，提高上海“元宇宙”相关品牌知名度。用好中国国际进口博览会、世界人工智能大会、中国国际工业博览会、购物节等平台，加大“元宇宙”产品和服务的全球推介力度。鼓励本市企业、行业组织等积极筹划、参与国内外“元宇宙”论坛会议。

（五）推进开放合作

聚焦软件、人工智能等“元宇宙”相关领域，打造一批自主可控的开源社区和开源产品。加强国际交流，鼓励“元宇宙”相关的国际组织、产业联盟等机构落沪。整合利用国际研发资源，引导“元宇宙”领军企业在本市国际创新资源高度密集的地区设立研发机构。

——转自上海市人民政府网站

附录　B

元宇宙将从改变互联网开始

新华财经北京 2022 年 7 月 25 日电（丁正威）

互联网作为一个大通道、大平台，是不断演化和变革的中坚力量，而元宇宙是互联网转型升级的产物，具备了互联网所有的特性和功能。为了适应信息技术的发展，元宇宙时代的互联网功能将更加多样化，在人工智能、人机交互等新技术的驱动下，互联网将变得更加贴心、更加“随心所欲”。

在元宇宙空间，我们将变成“数字人”，通过数字孪生，从现实世界到虚拟世界，人们可以在元宇宙上课、培训、组织沙龙，还可以创建教室、运动场馆、图书馆、会议室，教育元宇宙将缔造一个庞大的商业体系，改变人们的认知方式。

2022 年 7 月，上海市发布了《上海市培育“元宇宙”新赛道行动方案（2022— 2025 年）》，引发各方关注，也再次提振了各地主动拥抱元宇宙的信心。作为数字经济和互联网经济新的赛道，元宇宙将如何改变我们的生活，又将如何参与我们的现实世界？中国计算机行业协会元宇宙产业专委会执行会长罗军认为，这需要从互联网空间结构变化、商业模式、认知方式等角度进行分析。

网络空间从二维到三维甚至多维

元宇宙是平行于现实世界，而又与现实世界保持及时链接的虚拟世界。罗军介绍，在元宇宙的世界，我们同样需要参加社区活动，需要工作和生活。同时，我们在现实世界中无法做到的事情，在元宇宙世界的愿景中可能轻松实现。

罗军认为，如今发展迅速的数字车间、数字工厂、数字博物馆、数字城市、数字文旅等，只是完成了数字经济的部分任务。这些数字经济应用场景，在计算机、手机等终端平台上，本质上还只是一个个数字符号；而在元宇宙世界，我们能清晰地看到真实的车间、工厂、博物馆等现实场景。

不难观察到，现有的互联网呈现的是二维空间和平面的网络结构，而现实世界是立体的和多维结构的。目前，互联网是通过二维空间与现实世界结合，是辅助和支撑我们工作与生活的重要工具。罗军表示，互联网作为一个大通道、大平台，是不断演化和变革的中坚力量，而元宇宙是互联网转型升级的产物，具备了互联网所有的特性和功能。为了适应信息技术的发展，元宇宙时代的互联网功能将更加多样化，在人工智能、人机交互等新技术的驱使下，互联网将变得更加贴心、更加“随心所欲”。元宇宙时代，最先改造的将是互联网空间、内容、组织结构，以呈现给我们三维、四维甚至多维空间。公众通过 VR、AR 就能轻松进入元宇宙世界，开展工作和社区生活。

区块链技术改变了互联网的商业模式

罗军介绍，回顾互联网发展历史，第一代互联网是单方面也提供内容，内容收益主要来源于流量、广告和延伸业务，收益归互联网平台所有，此为互联网 1.0 时代；第二代互联网增加了互动功能，由平台提供内容，用户可以发言互动、支付购物，这是互联网 2.0 时代，内容、流量及延伸业务的收益还是归平台所有；第三代互联网在组织形式和商业模式上发生了重大改变，平台不提供任何内容，只提供网络空间，以及内容监管和行业治理，平台变得去中心化，由用户提供内容，用户享有内容所产生的收益。

然而，即使区块链技术已应用到平台中，互联网还是难以做到完全去中心化，平台还是处于中心化的中心。不过随着元宇宙的出现，从平面空间到三维甚至多维空间，虚拟世界成为互联网新的空间形态，区块链技术、物联网技术、人工智能和人机交互等更多新技术融合，互联网的组织形态将发生根本性变化，去中心化成为可能。目前，像短视频平台这样的自媒体，内容完全由用户提供，用户获得内容收益。罗军表示，这种趋势和变化还将持续下去，并将继续颠覆我们的传统媒体。纸媒时代已经完全过去，接下来传统的电视媒体和网络媒体将遭遇严峻危机，面临如何转型和加快结构调整的难题。

元宇宙将改变我们的认知方式

进入互联网时代后，公众获取知识变得非常便捷，知识可以更方便地分享、交流，也拉近了人与人之间的距离。罗军认为，进入元宇宙时代后，公众可以更加立体、主动地参与到认知过程中，通过软件编程、仿真技术、可视化技术、人机交互、人工智能、区块链、高精密传感器、万物相连等技术，借助算法、算力等手段，把抽象的事物具象化、真实化，这将进一步激发认知潜能，人们的思维方式将发生颠覆。

罗军表示，在元宇宙世界，人们可以身临其境地对抽象事物进行解剖分析、拆解组合，能更加清晰、准确地了解分子、离子、原子的形成过程与原理，甚至可以遨游太空。在元宇宙空间，我们将变成“数字人”，通过数字孪生，从现实世界到虚拟世界，人们可以在元宇宙上课、培训、组织沙龙，还可以创建教室、运动场馆、图书馆、会议室，教育元宇宙将缔造一个庞大的商业体系，改变人们的认知方式。

附录　C

发展数字经济不能忽视元宇宙

新华财经北京 2022 年 6 月 1 日电（丁正威）

从互联网的产生、应用到技术不断升级，互联网从最初的信息传播工具变成今天的生产和生活工具，已成为数字经济的核心要素，并主导数字经济的发展。

元宇宙是利用大数据、前沿计算、物联网、区块链、人工智能、人机交互等众多科技手段，打造的与现实世界完全平行而又超越现实世界的虚拟空间。

数字经济已成为新一轮科技革命和产业变革的战略力量，并推动产业结构调整和新经济快速崛起。中国计算机行业协会元宇宙产业专委会执行会长罗军表示，数据需要互联才能产生价值和意义，否则就是一座座“数据孤岛”。因此，谈论数字经济不可能撇开互联网。目前，我们正处于互联网“上半场”，随着 6G 通信和量子通信技术的出现，即将迎来互联网的“下半场”，而元宇宙将是互联网经济和数字经济未来新的商业形态和赛道。

互联网已成为数字经济核心要素

罗军介绍，2000 年前后，互联网逐步在我国得到普及，先后诞生了搜狐、新浪、网易三大门户网站，这个阶段往往被称为互联网 1.0 时代，特点是这些网站单方面提供文字信息，功能和服务有限。

随着 4G 技术的完善和大范围应用，互联网开始发生显著变化，人们获取信息的方式也逐渐多元化，网站广泛使用高清大图片和一些小视频，下载速度变快，诞生了新浪微博等自媒体和阿里巴巴、京东等大型购物网站，这个阶段被称为互联网 2.0 时代，特点是上网速度明显加快，自媒体和购物网站爆发式增长。

2020 年前后，5G 技术开始全面推广，网络变得更为流畅，互联网和智能手机全面普及，诞生了若干以小视频为主的社交流媒体，互联网进入 3.0 时代。随着量子通信、6G 技术的出现，未来网络将变得更快、更宽，互联网将从当前的二维结构转变为三维、四维甚至多维结构，实现一次全面的转型升级。

罗军认为，从互联网的产生、应用到技术不断升级，互联网从最初的信息传播工具变成今天的生产和生活工具，已成为数字经济的核心要素，并主导数字经济的发展。谈数字经济不可能撇开互联网，因为数据需要互联才能产生价值和意义，不然就是一座座“数据孤岛”。如今我们已成功将传统生产、生活领域的各个要素市场和互联网有机结合起来，形成了庞大的产业互联网和数字产业。

互联网与 VR 将我们带入元宇宙

互联网的使命还远未结束，如今新科技、新工艺、新模式不断涌现，当网络速度更快、带宽更宽、计算能力更强时，人们对互联网的商业模式会提出更高要求。如果将当前的互联网称为“上半场”，那么当 6G 和量子通信技术出现时，互联网的变革将进入“下半场”，我们也会迎来数字经济新的爆发期。罗军认为，元宇宙将是互联网经济和数字经济未来重要的新商业形态和赛道。

罗军介绍，如今我们通过 VR（虚拟现实）、AR（增强现实）、XR（扩展现实）、MR（混合现实）等科技手段可以轻松进入虚拟空间，实现我们现实生活中难以实现的目标，并利用虚拟现实改写我们的教育、培训、学习方式。我们获取知识的模式将从传统思维中解放出来，在具有沉浸感的虚拟环境中更好地体验现场，感受未知。虚拟现实和互联网的深度融合，将改变传统互联网的空间布局和展现形式，改变人们的生活习惯和工作方式，开辟元宇宙时代。

元宇宙是利用大数据、前沿计算、物联网、区块链、人工智能、人机交互等众多科技手段，打造的与现实世界完全平行而又超越现实世界的虚拟空间。罗军表示，在这个阶段，数据确权、数据安全、数据交易、数据产业、数据应用将变得更为普遍。可以说，数字经济和数字产业将随着元宇宙时代进入新的发展阶段。

元宇宙将从消费端开始爆发

互联网改变了人们获取信息的方式。罗军表示，随着社交网站和社交工具的变化，人们的交流方式将再次发生深刻改变。比如，现在很多游戏娱乐领域率先引进虚拟现实技术，使游戏娱乐有更好的沉浸感、参与感；文化艺术领域通过区块链技术将艺术作品确权，通过 NFT（非同质化代币）实现数字作品在线交易。这些是最早引入元宇宙概念并实现盈利的领域。

如何引导元宇宙产业发展？罗军认为，从企业视角来看，大多是考虑如何快速赚钱，几大互联网龙头企业选择从游戏娱乐、数字藏品（文化产品）入手，是因为这些领域拥有庞大、成熟的市场，能轻松实现盈利。政府视角则不同，应更加注重基础公共平台建设和底层技术的攻关，促进行业良性发展，产业发展离不开示范应用、教育引导，这是一个长期的培育过程。

罗军建议，各级政府在深入推动数字经济发展的过程中，将元宇宙作为数字经济新的发展方向予以引导，并将数字政府、数字工厂、数字生活、数字文化、数字健康与元宇宙紧密结合，打造政府元宇宙、工业元宇宙、文化元宇宙、健康元宇宙、文旅元宇宙等若干主题元宇宙示范应用场景，促进元宇宙与传统领域深度融合。

附录 D

加强元宇宙生态建设
助力产业规范发展

新华社 2022-07-13 08:17:20 浏览量：101.3 万

《上海证券报》王墨璞嘉 记者 祁豆豆

每个企业都是单独的个体，没有完善的产业链，靠单个企业在短时间内把元宇宙产业做大，暂时还非常困难。

未来3年，上海元宇宙上下游产业的“链主企业”“专精特新”将可能出现在VR头显、AR眼镜等硬件产业，存储芯片、软件开发和内容创造领域也将诞生一批优秀企业。

行业治理和行业自律是一个逐步完善的过程，需要在发展中治理，并不断优化发展。

“上海市高度重视信息技术产业发展，集聚了大批国际顶尖的科研机构、龙头企业，这些技术和产业基础对元宇宙产业发展至关重要。2022 年 7 月，上海市发布了《上海市培育“元宇宙”新赛道行动方案（2022—2025 年）》，元宇宙前瞻布局较为充分，产业发展可期。”针对最新发布的《上海市培育“元宇宙”新赛道行动方案（2022—2025 年）》，中国计算机行业协会元宇宙专委会执行会长罗军接受《上海证券报》记者专访，分析了元宇宙的产业生态、技术路线、发展方向等诸多市场关注的热点问题。

元宇宙细分赛道亟待破局

《上海市培育“元宇宙”新赛道行动方案（2022—2025 年）》提出，到 2025 年，上海“元宇宙”相关产业规模达到 3500 亿元，带动全市软件和信息服务业规模超过 15000 亿元、电子信息制造业规模突破 5500 亿元。罗军在看好元宇宙产业发展前景的同时，也对元宇宙发展现状进行了客观分析。

“元宇宙还在发展初期，行业生态缺乏、商业模式不清晰，谈产业化还为时尚早。”在罗军看来，目前，全球几乎所有做元宇宙的企业都面临一个共同的问题，每个企业都是单独的个体，没有完善的产业链，靠单个企业在短时间内把元宇宙产业做大，暂时还非常困难。

罗军表示，元宇宙的实质是互联网的升级版，是第三代互联网，也被称为“Web 3.0”时代。元宇宙是数字经济新的发展趋势和新的赛道。构成数字经济的三大支撑是数据、算法和算力，这也是构成元宇宙底层架构的核心。上海市多年来推动信息技术发展，特别是在数据挖掘、数据分析、数据储存、算法算力等方面积累了丰富的资源，在数字人、数字孪生、仿生技术、人机交互和可视化等方面有一定的产业基础。

元宇宙产业的茁壮成长离不开良好的生态环境。罗军指出，布局元宇宙产业离不开四大核心：硬件、软件、内容、应用。硬件主要由 VR 头显、AR 眼镜、存储芯片等构成；软件涉及较广，需要很多软件编程人才，围绕应用设计内容；构成元宇宙的内容需要很多技术支持，包括软件设计、声光电应用、人机交互、人工智能、物联网等技术，以完整地在虚拟世界展现现实世界，体现沉浸感，并实现交互、参与的功能；应用是必不可少的，也是最关键的环节，无论什么技术工艺和商业模式，都要从应用端入手，将新技术、新工艺、新模式与应用相结合。

结合目前的发展形势，罗军认为，未来 3 年，上海元宇宙上下游产业的“链主企业”“专精特新”将可能出现在 VR 头显、AR 眼镜等硬件产业，存储芯片、软件开发和内容创造领域也将诞生一批优秀企业。“一旦在元宇宙行业生态建设上取得一定进展，硬件和软件领域将率先暴发。”罗军表示。

产业发展还需群策群力

近年来，上海、青岛、深圳等城市在推动虚拟现实方面，培育了一批从事 VR、AR、XR、MR 的硬件和软件企业，为元宇宙发展积累了一定的产业基础。对于元宇宙未来的产业发展之路，罗军也给出了三方面建议。

首先，从元宇宙生态建设着手做好顶层设计。罗军注意到，我国从事元宇宙相关联的企业 300 多家，大多数都是从事低水平的重复的研发和设计，彼此之间缺乏交流，也没有形成上下游协作关系。“例如，很多从事教育元宇宙的企业，都在重复地开发培训课程，搭建教育培训平台，彼此之间互不兼容，而任何单个企业又不能完全驾驭教育培训领域。这就导致到处都是‘断头路’。”罗军表示。

对此，他建议，政府和行业协会可以出面加强行业治理、促进行业协作。目前，中国计算机行业协会元宇宙专委会正在牵头，加强行业交流，推动行业龙头企业整合，促进分工协作，共建基础平台，相关企业的产品和内容都放在一个平台上有助于推广使用。

其次，搭建元宇宙公共服务平台，推动科学普及、示范推广和教育培训。在罗军看来，目前大众对元宇宙的认识还非常抽象，建议各级政府搭建公共服务平台，建立教育元宇宙、文旅元宇宙、医疗元宇宙、生活元宇宙等各种元宇宙主题馆，使元宇宙贴近生活，不断提高大众对元宇宙的认知程度。

除此之外，还可以组建元宇宙底层技术研究机构，从算法、算力、数据挖掘、人机交互、信息技术等核心要素入手，组建高层次应用型研究机构，形成推动元宇宙技术创新和产业发展的重要抓手。

此外，促进产业集聚，形成发展氛围。罗军建议，有条件的地方应该鼓励建立产业园区，并引进研发机构、公共服务平台和上下游企业入驻园区，形成产业凝聚力。

如何更好地引导元宇宙健康、有序发展？罗军认为，行业治理和行业自律是一个逐步完善的过程，需要在发展中治理，并不断优化发展。

后记（一）

抒写我们的元宇宙故事

这几年，我为了3D打印、机器人、人工智能和元宇宙事业，很少顾及家庭，与亲戚朋友的交流也很少。不是匆匆忙忙，就是在匆匆忙忙的路上。在此，向我的家人和亲戚朋友表示感恩。尤其母亲生病以后，受疫情影响，我不能前往探望和陪护，倍感歉疚。

感谢电子工业出版社的大力支持，感谢蔷薇编辑为我的新书辛勤付出。

一直希望写一本好书，能够给人启迪，催人奋进。

书写完了，有一些思考，是否能够获得读者好评，就要看读者了。

有朋友建议我请几个名人、院士、专家为我的书写几句话，放在封面上，或者请领导帮忙做个序。我觉得这样做不太合适。我的书代表我的观点，他们没有读过我的书，也没有研究过元宇宙，不能为了推广我的书，就请他们帮我站台，写一些赞美的话，这样做太对不起他们，也对不起读者。封面要求简洁、干净，多留一些空间，字体不宜太大，要规范，这些都是我给出版社提出的建议。这或许与我的性格、为人风格已经定型有关。

“梦境元宇宙”虽然没有深入去剖析，但是今天把这个概念提出来了，值得有关专家和朋友们去深入研究。

白天工作，晚上休息。白天我们进入工作状态，晚上是否进入元宇宙状态？这也是一个好的选题，值得我们去思考。

外星人是不是一直生活在元宇宙？这个问题也需要我们去探讨，也许人类文明不一定超过外星人。

上海发布了《上海市培育“元宇宙”新赛道行动方案（2022—2025年）》以后，为什么一些经济发达城市并没有跟进，而是持续观望，刻意保持低调？深层次原因是什么？过去我们培育新兴产业，出台了很多扶持政策，有些政策却没有落到实处，还有些政策是蜻蜓点水，撒“胡椒面”；有些地方在主要领导调整以后，政策扶持方向出现了调整；有些地方一方面着力引进海外院士等高层次人才，重视基础科学研究，另一方面又用产值税收去约束这些院士团队，这些极不科学的做法，应该引起我们的高度重视。

发展元宇宙是一项大事业、大产业，与我们是否重视没有直接关系。我们不重视，这个产业也在快速发展。过去，有些地方一次又一次地与新兴产业“擦肩而过”，留下的只是“一地鸡毛”。今天，元宇宙这么“热”，我们有必要抢抓机遇，积极布局，而不是“看热闹”。

……

一本书难以把元宇宙分析透彻，也难以照顾到每位读者的阅读习惯，在此希望达到抛砖引玉的目的。

元宇宙势不可挡，我们都来关注元宇宙，关注新科技、新模式，我们就不会被这个时代抛弃。

数字人、数字孪生、3D 渲染，足可以支撑起庞大的创作者集群和应用开发者集群。区块链、人机交互，每一个板块都可以延伸出一大批产业，推动元宇宙生态建设和产业集聚。

元宇宙就是一本书，一本梦幻与现实结合的书，一本今天与未来链接的书。我们每个人都可以在这本书里，尽情抒写自己的元宇宙故事，无论在现实世界，还是在睡梦中。

想象力永远存在，
我们永远不能低估自己，
坚持让幻想飞翔；
你的思想有多远，
你的事业就能够走多远。
无论在现实生活中，
还是在元宇宙。
现在就开始抒写我们的元宇宙故事。

后记（二）

怀念母亲

疫情之下，出行非常困难。某个城市一旦发现有几例阳性人员，立刻就会搞得异常紧张，一紧张起来，去医院看望老人就非常不方便。2022 年 2 月，岳母在医院病逝，我和爱人没有机会去医院探望。有几次医院特许，护理人员推着轮椅将岳母送到大门口几米远的地方，与我们算是见了几次面。后来，岳母走了，爱人哭了好几天。我们唯一能做的就是在心里默默祈祷，祝老人一路走好。

就在本书即将交稿之际，传来了母亲去世的消息。那是上周三，听妹妹说母亲最近病情突然加重，母亲一直在问我什么时候到广东来看望她。受疫情影响，我一直都坚持一个多月到佛山一次，一是处理一些公司的事情，二是顺便陪母亲吃几次饭，陪母亲说说话。

每次见到母亲，都能感受到她的坚强，她也不会把她的病痛展现给我。每次都问我究竟她得的是什么病，能够看好吗？看好了她还想回老家去。我为了不让母亲发现她的病很严重，总是轻描淡写地告诉她，老年人抵抗力弱，需要多调养，没有什么大病，很快就可以恢复好。母亲总是流泪，总是关心我公司效益好不好。疫情之下，她从电视上看到很多企业亏损倒闭，她知道我不容易。

上周，我到医院与医生交流。医生觉得母亲这次病情严重了，而且一次比一次不乐观。医生认为我母亲已经知道自己得了什么病，只是不愿意在子女面前说出来，我们彼此都不愿意把那张纸戳破。但是，我面对母亲，还是假装很轻松地告诉她，每个人都有病，只要能吃能睡，休息好，心态好，就可以很快恢复。

去年这个时候，母亲觉得胸闷，回成都检查身体。哥哥陪母亲在四川省人民医院做了很多检查，都没有检查出什么问题。但是，母亲总觉得不对，胸闷胸痛怎么可能没有问题呢？结果就是没有查出什么病。

后来，母亲回到佛山以后觉得很难受，不久就住进医院。经过检查、化验，医生发现已经是癌症晚期，并且已经转移。没有想到一发现就特别严重，这个情况我们还一直不敢告诉母亲。后来，母亲就长期被各种抗癌药折磨，食欲渐渐下降，胃口不好，消化能力也在下降。医生说，因为很多药的副作用太大了，不吃不行，吃了这些药对身体又有很大的伤害。

得病了没有选择。有些药医院里没有，都是医生介绍在外面买的，价格也虚高很多，不能报销，还不敢多问。有些制药行业利润普遍虚高很多倍，真应该站在病人家属的角度考虑考虑，多一些良心发现。我特别理解病人的无奈，一是受病痛折磨，没有选择；二是面对高昂的药物，特别是医生推荐的，也没有选择。

每次过来陪母亲吃完饭，母亲都要坚定地把我送到停车场的车上。然后转眼就发现母亲在擦眼泪。我不想让母亲难受，每次都是鼓励母亲坚强。实际上，母亲远远比我们想象中要更坚强。我们老家在巴中农村，小时候家里家徒四壁，吃不饱，也穿不暖。我父亲憨厚朴实，当了几年兵回到农村，没有背景，也没有什么专长。父母都是老一代典型的老实人、老农民。

父母亲省吃俭用，支持我们读书，走出农村。很可惜，我小时候读书并不行，一开始也不是靠考学顺利走出来的。我走的是另外一条路，更加艰辛。自学成才，来到大城市。一直觉得亏欠父母，没有顶天立地，没有给他们带来更多幸福和荣光。特别是父亲，1993 年他就走了，那一年父亲才 50 多岁。那一年，我刚刚到省委党校读书。收到父亲去世的消息后，我没有路费回去，而且刚到党校读书，对外面的世界也不懂。我一个人躲在宿舍里，偷偷地哭了好几个晚上。在我的记忆里，父亲从没有穿过一件没有补丁的衣服，更不用说新衣服。父亲总是白天黑夜不知疲倦地干农活。在我的记忆里，父亲一直非常乐观，一直鼓励我好好学习，一直都把微笑留给我们。虽然父亲不善言辞，但是父亲内心深处一定是五味杂陈。农村太苦、太穷，父母亲只有种菜务农的机会，那些年还没有什么生意可做，他们也没有文化。他们对我最大的要求就是要出人头地。

刚刚离开老家那两年，我有几次回过巴中，每次离开的时候，都要提前一天到县城的大姨家住一晚，次日乘五六点的早班长途客车离开巴中。我母亲总是最早起床，在街边给我买一些馒头和水果带上，这些东西她自己都舍不得吃。然后独自背着我的包把我送到长途汽车站，站在车下望着我独自流泪。这个画面，我一直记在心中。我是家里的希望，“拯救”这个家庭的希望一直扛在我的肩上。哪怕再苦再累，父母亲都是默默忍受，毫无怨言。我的哥哥、妹妹书读得都不多，但都支持我把书读出来。我一刻也没有放弃对事业和美好愿望的追求，直到今天，我还在不懈努力与奋进。

我始终知道肩上的担子很重很沉，不敢懈怠。这样的感觉，只有我们那个年代、那样的环境下才能体味出来。

父母亲给了我许多力量，锻炼了我坚强的意志。我吃过很多很多苦，基本上从来不跟我的母亲和家人说。我觉得吃苦很正常，跟他们说了，只会让他们更担心、更焦虑，解决不了任何问题。奋斗的过程很痛苦，但我始终坚信我能够闯出来。在我的记忆里，先苦后甜是天经地义的事情，这没有什么。今天，我面对困难仍然有很强的韧性。

后来，我白天打工，晚上自学，创造过一周不睡觉的奇迹。我没有机会读高中，直接从一个普通的初中生通过自学高中，自学大学，靠自己的勤奋和努力，考进了省委党校学习。从 1993 年开始，我就发表大量的文章，从小说、诗歌到评论，后来转入新闻写作。最近十多年，再次转行，开始搞产业经济研究。过去几年，我出版了四本专著，加上这一本，就有五本专著了。

我对不起父亲，没有给他带来任何快乐，甚至他还没有享受到我的任何回报就走了。他没有能够看到我的成果。母亲从我党校毕业在成都工作以后，很快就从农村到了巴中市区生活。我在党校读书的两年时间里，边读书、边打工，还写稿，挣了三万多元，在巴中市区给我妈妈买了一套房子。2000 年前后，我把母亲接到了成都，后来陆续到了青岛、佛山生活。至少到了成都以后，母亲就再没有为生计而劳累、奔波。后来我的事业起步以后，在老家有了一些名气，但我基本上没有回过老家，所以这些名气我感受不到，但是母亲很欣慰。她很享受这样的口碑。应该说，母亲在成都生活的时候，身体很好，周边有很多邻居可以交流，没有什么压力，那段时间是她一生中最快乐的时光。

但是，母亲也有很多遗憾。她知道我前几年创业走了一些弯路，一直担心我压力太大。多次劝我不要搞这么多公司，不要这么辛苦。

我这几年的确太累了，没有陪母亲出去旅游度假。七八年前，我还没开始创业的时候，我的生活质量挺高的，每年都有好几次度假机会，有时候回成都，都会带上母亲一起到旅游景区去住几天，这也是母亲和我一家人共享度假时光最惬意的时候。

母亲总会把我们的合影，还有与儿媳、孙女合影的照片发给她的姊妹和老家的熟人。我成功从农村到成都，从成都到北京安家立业，母亲在老家和亲戚家都很有面子。她需要这样的影响力，这是她非常重要的精神支柱，支撑她快乐地生活。毕竟过去几十年，在农村生活期间，母亲培养我们三姊妹吃了太多太多的苦，最后总算过上了好日子。当然，后来母亲到了青岛和佛山以后，和我妹妹住一起，我妹妹、妹夫照顾她。周边邻居都说普通话、广东话，母亲听不懂，也没有四川老乡陪她说话，她倍感寂寞，总是念叨要回成都，回巴中。这也是令我很遗憾的事情，没有能够满足母亲的愿望。

上周，我到佛山陪母亲待了几天，母亲出院后精神状态有了一些恢复，也能够吃饭。感觉母亲头脑很清晰，思维敏捷，应该能够挺过去。周六晚上，我回到北京。周日上午，我还给我妹妹发微信说，帮母亲轻轻揉一下肚子，再用艾灸灸一下肚子和后背，有助于消化。只要能够吃饭，能够消化，就不会有大问题。没想到到了下午，妹妹突然打电话告诉我，母亲病情加重需要送急救。晚上 8:26，妹妹和妹夫告诉我，母亲走了。

……

母亲一路走好，父亲在天堂等您！

送别了母亲，心里疏解多了。母亲不再受病痛折磨，因为这样的病没有更好的治疗办法。去年发现的时候，就已经转移到了淋巴。后期，各种症状爆发，严重影响她的生活质量。医生跟我说，老人家已经创造了奇迹。

母亲走完了她的一生。78 岁，达到了中国人平均的寿命期。其实，人来到这个世界，没有太多的选择。如果你满足于现状，你就选择了平平淡淡的生活。如果你不满足于现状，你的生活可能就是过山车，忽高忽低，充满更多不确定性。

从小父母亲就教会了我们要懂得感恩，要坚强面对生活，要懂得奋斗，要光宗耀祖，要改变自己的命运。今天，我还不能说实现了光宗耀祖的目标，但我能够从小山村走出来，在大都市干一番自己的事业，总算没有辜负一家人对我的期望。如果我不闯出来，我们一家人或许还处于“水深火热”之中。母亲虽然离开了我们，从此我们再没有母亲，但母亲永远在我们心中。母亲教会了我们如何做人，教会了我们如何坚强，教会了我们要学会勇往直前。

谨以此小文，表达对母亲的感恩与怀念！

2022 年 8 月 12 日，于北京

国际元宇宙产业大会

International Metaverse Industry Conference

国际元宇宙产业大会（IMIC）是由中国计算机行业协会元宇宙产业专委会和中国元宇宙产业联盟（筹）携会员企业着力打造的，旨在促进国际间对话交流，推动元宇宙产业健康发展的高端智库平台。

官方邮箱：meta2000@126.com

专委会秘书处：010-84783803　84783809

《3D打印3.0时代》

《重新定义健康产业》

《机器人2.0时代》

《中国3D打印的未来》

反侵权盗版声明